Joachim Traub

55 Methoden Erdkunde

einfach, kreativ, motivierend

Bildquellenverzeichnis:

Seite 10: Cover DER SPIEGEL © DER SPIEGEL 9/2015. http://www.spiegel.de/spiegel/
Cover FOCUS © FOCUS 48/2010
Cover Stern © STERN 2/2005

Seite 11: Karikatur Schlachtplan © Jürgen Tomicek

Seite 12: Brennerpass, in: https://commons.wikimedia.org/wiki/File%3ABrennerpass_nordrampe.jpg, By Sönke Kraft aka Arnulf zu Linden (Own work) [GFDL (http://www.gnu.org/copyleft/fdl.html) or CC BY-SA 3.0 (https://creativecommons.org/licenses/by-sa/3.0)], via Wikimedia Commons

Seite 18: Perito Moreno glacier, Argentina © Pascal Rateau – Shutterstock.com; Artesischer Brunnen in der Grube Messel bei Darmstadt, in: https://commons.wikimedia.org/wiki/File%3AGrube_Messel_fg15.jpg, By Fritz Geller-Grimm (Own work) [CC BY-SA 2.5 (https://creativecommons.org/licenses/by-sa/2.5) or CC BY-SA 2.5 (https://creativecommons.org/licenses/by-sa/2.5)], via Wikimedia Commons; Dry lake bed © Jack Hong – Shutterstock.com, Young corn plants in a flooded field © vesilvio – Shutterstock.com

Seite 23: neueres 5-phasiges Modell des demografischen Übergangs, in: https://commons.wikimedia.org/wiki/File%3ADemo_trans_2_de.png, By The original uploader was Mark in the wiki at German Wikipedia [Public domain], via Wikimedia Commons

Seite 32: Fairtrade Banane © Max Havelaar Niederlande

Seite 34: Karte von Sonthofen, s. http://www.vianovis.net/sonthofen/ © OpenStreetMap contributors, CC BY-SA 2.0

Seite 35: Klimadiagramm Asuncion © Bernhard Mühr, in: www.klimadiagramme.de
Lama © Harald Toepfer – Shutterstock.com; Christusstatue Rio de Janeiro, in: https://commons.wikimedia.org/wiki/File%3ACristo_Redentor_-_Rio_de_Janeiro%2C_Brasil.jpg, By Nico Kaiser (Flickr) [CC BY 2.0 (http://creativecommons.org/licenses/by/2.0)], via Wikimedia Commons

Seite 43: Landkarte USA © d-maps.com

Seite 55: Mähdrescher, in: https://commons.wikimedia.org/wiki/File%3AJd9880sts-abtanken.jpg, Hinrich [CC BY-SA 2.0 de (https://creativecommons.org/licenses/by-sa/2.0/de/deed.en)], via Wikimedia Commons

Seite 61: Smartphone © L_amica – Fotolia

3. Auflage 2021

Illustrationen: Steffen Jähde, Hendrik Kranenberg
Covergestaltung: Daniel Fischer – Grafikdesign München
Satz: Typographie & Computer, Krefeld
Druck und Bindung: Druckerei Joh. Walch GmbH & Co. KG
ISBN 978-3-403-**07761**-9

www.auer-verlag.de

Vom Wissen zum Können

In der bildungspolitischen Debatte der letzten Dekade hat der Begriff der Kompetenzen einen großen Bedeutungszuwachs erfahren. Verbunden damit war ein Paradigmenwechsel bei der Planung und Bewertung von Unterricht: der Wandel von der Input- hin zur Output-Orientierung. Bezüglich der Lernziele ist nicht mehr zu fragen: Ist der Inhalt behandelt worden? Vielmehr stellen sich die Fragen: Sind die entsprechenden Kompetenzen erworben worden und beherrschen die Schüler[1] den Lernstoff?

In einem zeitgemäßen Geografieunterricht spielen neben den fachlichen Zielen auch personale, soziale und methodische Kompetenzen eine Rolle. Ziel des Unterrichts muss es sein, dem Schüler Handlungskompetenzen zu vermitteln, d. h., er muss in die Lage versetzt werden, Probleme zu erkennen, zu analysieren und diese erfolgreich zu lösen.

Durch die Methodenauswahl zur Handlungskompetenz

Didaktiker sind sich einig, dass die Kompetenzentwicklung im Wesentlichen durch die Auswahl der Methoden gesteuert wird. Mithilfe geeigneter Unterrichtmethoden soll ein schülerorientiertes Lehr- und Lernarrangement geschaffen werden, bei dem im Sinne der Kompetenzorientierung nachhaltige Lernerfolge erzielt werden.

Allerdings gibt es dafür kein Patentrezept. Der Lehrer muss bei der Methodenauswahl die Anforderungen des Lerngegenstandes immer wieder in Einklang mit den spezifischen Anforderungen der jeweiligen Lerngruppe bringen. Eine Methode, die bei der einen Klasse erfolgreich eingesetzt wurde, kann bei der anderen Klasse aus den unterschiedlichsten Gründen nicht funktionieren.

Der Aufbau der Handreichung

Die in diesem Buch versammelten 55 Methoden für das Fach Erdkunde sind allesamt erprobt und haben sich in verschiedenen Unterrichtskontexten bewährt.

Die Darstellung erfolgt jeweils nach dem gleichen Schema: Die **allgemeinen Hinweise** geben einen ersten Überblick zu den Zielen der Methode und zum Einsatz im Unterricht. Die folgenden Symbole werden zur besseren Orientierung verwendet:

1 Aufgrund der besseren Lesbarkeit ist in diesem Buch mit Schüler auch immer Schülerin gemeint, ebenso verhält es sich mit Lehrer und Lehrerin etc.

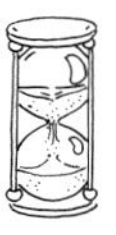

durchschnittlicher Zeitbedarf der Methode; dieser kann je nach Klassensituation und Thematik variieren

Anforderungsniveau für die Schüler

die mit der Methode verbundenen Lernziele und Kompetenzen

benötigtes Material

Eine konkrete Beschreibung findet sich unter der Überschrift **Durchführung**. Hier werden die einzelnen Arbeitsschritte sowie die notwendigen Vorbereitungen beschrieben. Des Weiteren wird auf mögliche Schwierigkeiten bei der Umsetzung hingewiesen.

Es folgt ein **konkretes Unterrichtsbeispiel**, das die Umsetzung der Methode verdeutlicht.

Häufig ergänzt eine **grafische Darstellung** das konkrete Unterrichtsbeispiel oder die allgemeine Darstellung der Methode.

Unter dem Punkt **Tipp / Tipps** finden Sie weitere Hinweise zur Variation der Methode und zur Arbeitsweise mit der Methode.

Themenüberblick geben; Vorwissen aktivieren

vorbereitete Wortwolke auf Folie, Projektor

Durchführung:

Der Lehrer legt die Wortwolke, die die zentralen Inhalte und (Fach-)Begriffe der kommenden Stunde bzw. Unterrichtseinheit enthält, auf den Projektor. Die Schüler notieren nun in Einzelarbeit die Begriffe, …

… die sie schon einmal gehört haben;

… die sie erklären können;

… von denen sie mehr erfahren wollen;

… die sie gar nicht interessieren;

... etc.

Die einzelnen Aspekte werden im Plenum besprochen. Dabei sollen die Schüler auch Begriffe und Inhalte nennen, die ihrer Meinung nach ebenfalls zum Thema passen.

Die Wortwolke bleibt während der Stunde / Einheit im Klassenraum hängen und gibt den Schülern so eine Orientierung, welche Inhalte bereits besprochen wurden und welche noch anstehen. Am Ende der Stunde / Einheit kann noch einmal auf die Wortwolke eingegangen werden.

Konkretes Unterrichtsbeispiel:

Wortwolke zum Thema „Bodengeografie"

Vorwissen aktivieren; zusammenarbeiten; soziale Kompetenzen fördern

leere Karteikarten, mit dem Thema beschriftete Karteikarten (ein Buchstabe pro Karteikarte, pro Gruppe je ein Satz)

Durchführung:

Die Klasse wird in Gruppen mit vier bis fünf Schülern eingeteilt. Zunächst schreiben die Schüler die Buchstaben ihres Vor- und Nachnamens auf die Karteikarten, wobei auf jede Karte ein Buchstabe kommt. In der Mitte liegen die mit dem Thema beschrifteten Karteikarten – auch hier steht auf jeder Karte nur ein Buchstabe. Die Gruppe versucht nun, gemeinsam mit den vorhandenen Buchstaben so viele zum Thema passende Begriffe anzulegen wie möglich. Die Wörter dürfen nur senkrecht oder waagrecht gelegt werden. Eigennamen sind erlaubt. Nach einer festgelegten Zeit bzw. wenn alle Gruppen fertig sind, endet das Spiel. Die Schüler bekommen nun die Möglichkeit, die Ideen und Assoziationen der anderen Gruppen zu betrachten.

Konkretes Unterrichtsbeispiel:

Namens-Scrabble® zum Thema „Hamburg"

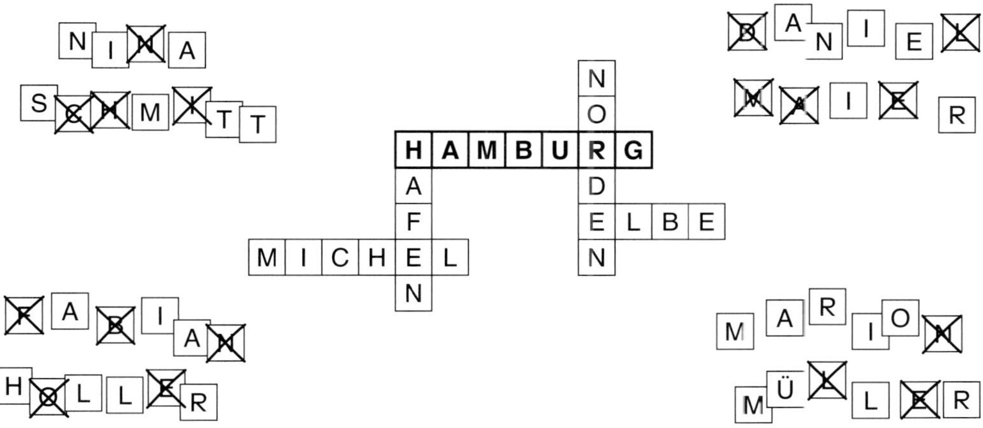

Tipps:

- Alternativ kann diese Methode auch als Wiederholung am Ende einer Unterrichtsequenz eingesetzt werden.
- Um die Motivation zu steigern, kann diese Methode als Wettkampf zwischen den Gruppen gespielt werden.

5 Min.

Problembewusstsein schaffen; Empathie fördern

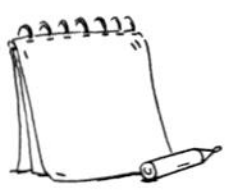

gefälschte Meldung (Internetseite, Zeitung …)

Durchführung:

Der Lehrer kommt in die Klasse und präsentiert die „Meldung". Der Einstieg ist umso wirkungsvoller, je größer das theatralische Geschick des Lehrers ist. So kann es effektvoll sein, wenn er ein paar Minuten zu spät kommt und die Schüler, ganz außer Atem, über die „Neuigkeit" informiert; z. B.: „Stellt Euch vor, was ich gerade im Netz für eine Nachricht gefunden habe. Ich kann es kaum glauben. Ich muss mich erst einmal setzen ..."

Nun werden die Schüler aufgefordert, sich zu äußern. Die Schüleräußerungen werden nicht kommentiert. Die Klasse wird solange wie möglich über den Wahrheitsgehalt der Meldung im Unklaren gelassen. Schließlich klärt der Lehrer die Klasse auf und die Schüler sollen nun die Falschmeldung kommentieren. Mögliche Fragen lauten:

- Wie glaubhaft war die Meldung für Euch?
- Wer hat gezweifelt und warum?
- Was wäre, wenn die Meldung tatsächlich real wäre?

Konkretes Unterrichtsbeispiel:

Falschmeldung zum Thema „Umweltschutz"

DIE TAGESZEITUNG

WIRTSCHAFT
Inflation jetzt bei 0%

FUSSBALL BUNDESLIGA
3:0! FCB wieder Meister.

WETTERVORHERSAGE
Es bleibt sonnig!

Skandal: Fracking im Nationalpark Wattenmeer

Vorkenntnisse und Präkonzepte aktivieren; Themenüberblick geben; soziale und kommunikative Kompetenzen fördern

vorbereitete Bingo®-Karten

Durchführung:

Jeder Schüler erhält eine Bingo®-Karte mit der er durch das Klassenzimmer geht. Sobald er dabei einen Mitschüler trifft, darf er ihm eine Frage stellen. Kann dieser die Frage beantworten bzw. der Aussage zustimmen, unterschreibt er im entsprechenden Feld auf der Bingo®-Karte. Dann geht er weiter zum nächsten Mitschüler. Hat ein Schüler eine Vierer-Reihe (horizontal, vertikal, diagonal) mit Unterschriften, ruft er „Bingo" und geht an seinen Platz. Im Anschluss kann im Plenum diskutiert werden, bei welchen Feldern es einfach war, einen Schüler zu finden, der die Antwort wusste, und weshalb es bei anderen Feldern schwieriger war.

Konkretes Unterrichtsbeispiel:

Bingo®-Karte zum Thema „Tourismus"

Finde jemanden, der noch nie geflogen ist.	Kannst du den Begriff „Nachhaltigkeit" erklären?	Wer stimmt der folgenden Aussage zu: Urlauber sollten überall eine Tourismusabgabe leisten, mit der z. B. Infrastrukturprojekte finanziert werden.	Kannst du den Begriff „Sportivity" erklären?
Finde jemanden, der es toll findet, im Sommer Ski zu fahren.	Finde jemanden, der weiß, was das beliebteste Reiseziel der Deutschen im Ausland ist.	Finde jemanden, der im Urlaub am liebsten wandert.	Finde jemanden, der im Urlaub am liebsten fremde Kulturen erleben will.
Finde jemanden, der weiß, was das beliebteste Reiseziel von ausländischen Gästen in Deutschland ist.	Finde jemanden, der im Urlaub am liebsten am Strand liegt.	Kannst du den Begriff „Augmented Reality" erklären?	Finde jemanden, der weiß, aus welchem Land die meisten Touristen nach Deutschland kommen.
Finde jemanden, der im letzten Jahr im Sommer mit dem Flugzeug in den Urlaub geflogen ist.	Kannst du den Begriff „sanfter Tourismus" erklären?	Wer stimmt der folgenden Aussage zu: Vom Tourismus profitieren Urlauber und Einheimische gleichermaßen.	Finde jemanden, der gerne in Deutschland Urlaub macht.

Themenüberblick geben; unterschiedliche Perspektiven aufzeigen

verschiedene thematisch passende Titelbilder auf Folie, Projektor

Durchführung:

Ein Vergleich verschiedener Titelbilder zum Einstieg zeigt zunächst die gesellschaftliche Relevanz eines Themas und verdeutlicht gleichzeitig mögliche unterschiedliche Betrachtungsweisen und Perspektiven.

Der Lehrer zeigt die Titelbilder. Die Schüler beschreiben zuerst die Bilder und versuchen, Gemeinsamkeiten und Unterschiede in der Darstellung zu finden. Sie äußern sich anschließend dazu, welches Titelbild sie inhaltlich und grafisch ansprechender finden und formulieren aus der Zusammenschau der Titelbilder eine Fragestellung, die im Verlauf der Stunde beantwortet wird.

Am Ende der Stunde wird noch einmal auf die Titelbilder zurückgegriffen. Die Schüler kommentieren sie erneut und beantworten die Fragen, ob/inwieweit sich ihre Einschätzung verändert hat.

Konkretes Unterrichtsbeispiel:

Titelbilder zum Thema „Klimawandel“

Mögliche Fragestellungen zu den Titelbildern:

- Ist der Klimawandel eine Bedrohung für die Menschen?
- Wie kommen die Zeitschriften zu einer so unterschiedlichen Einschätzung über die Auswirkungen des Klimawandels?
- Welche Folgen des Klimawandels sind heute wissenschaftlich eindeutig belegt?

1.6 Karikatur-Parcours

5 Min.

kritische Auseinandersetzung fördern; Meinungsbildung fördern; Vorkenntnisse aktiveren

mindestens 3 Karikaturen im DIN-A3-Format, Klebeband

Durchführung:

Die Karikaturen werden im Klassenzimmer aufgehängt. Die Schüler gehen zunächst paarweise zu den Karikaturen. Sie beschreiben diese und versuchen gemeinsam, jeweils die Kernaussage in einem Satz zu formulieren. Nachdem alle Karikaturen betrachtet wurden, stellt sich jeder Schüler zu der Karikatur, deren Aussage am ehesten seiner Meinung entspricht. Ausgewählte Schüler begründen ihre Entscheidung.

Am Ende der Stunde werden die Schüler aufgefordert, sich zu der Karikatur zu stellen, die nach der Behandlung des Themas ihre Meinung nun am ehesten widerspiegelt.

In einer kleinen Feedbackrunde werden folgende Fragen geklärt:

- Wer steht wieder bei seiner ursprünglichen Karikatur und warum?
- Wer hat sich eine andere Karikatur ausgesucht und warum?

Konkretes Unterrichtsbeispiel:

Karikatur zum Thema „Landwirtschaft"

„UND HIER IST MEIN SCHLACHTPLAN!"

5 Min.

Sprachkompetenz fördern; kommunikative Fähigkeiten fördern

Bild(er) auf Folie, Projektor, ggf. Papier zum Abdecken

Durchführung:

Die Schüler arbeiten paarweise zusammen. Jeweils ein Partner dreht sich mit dem Rücken zur Projektionsfläche. Der Lehrer legt das Bild auf bzw. deckt einen Teil des Bildes auf. Der Schüler mit dem Blick zum Bild beschreibt seinem Nachbarn so detailliert wie möglich, was er sieht. Nach 1 Minute wird der Projektor ausgeschaltet, die Partner wechseln und der andere Schüler hat nun ebenfalls 1 Minute Zeit zu beschreiben, was er sieht. Die Schüler versuchen anschließend, aus der Beschreibung und dem Gesehenen eine Zusammenfassung zu formulieren und das Thema zu benennen.

Konkretes Unterrichtsbeispiel:

Alpen: Schüler 1 beschreibt die rechte Bildhälfte einer unberührten Alpenlandschaft, Schüler 2 beschreibt die von der Brennerautobahn durchschnittene Landschaft.

Kontrastiver Bildvergleich:

- Natürlicher Flusslauf – Begradigter Flusslauf mit betoniertem Bett
- Natürliche Vegetation – Riesige Äcker in Monokultur

Synchroner Bildvergleich:

- Wohnbebauung in einem Stadtviertel mit Sozialwohnungen – Wohnbebauung in einem Oberschicht-Stadtviertel
- Familie in den USA – Familie in Deutschland

Diachroner Bildvergleich:

- Luftbildvergleich Stadt 1950 bis heute
- Rückgang der Alpengletscher: 1900 bis heute

1.8 Walt-Disney®-Methode

10 Min.

Perspektivenwechsel ermöglichen; soziale Kompetenzen fördern

Thema bzw. Fragestellung

Durchführung:

Die Schüler bilden jeweils Dreiergruppen. Der Lehrer nennt das Thema bzw. die Fragestellung. In der Dreiergruppe ist ein Schüler der „Realist“, einer der „Kritiker“ und einer der „Visionär“. Sie versuchen zunächst in Einzelarbeit, das Thema bzw. die Fragestellung unter der Rollenvorgabe zu betrachten und dazu Stellung zu nehmen. Nach ca. 2 Minuten tauschen sie sich innerhalb der Gruppe aus und formulieren ein Fazit. Dabei gehen sie folgendermaßen vor: Zunächst schildert der Visionär dem Realisten seine Überlegungen, der Realist gleicht dessen Ideen mit seinen ab und gibt diese an den Kritiker weiter. Anschließend kommunizieren alle drei Schüler miteinander. Ausgewählte Gruppenergebnisse werden im Plenum vorgestellt und ggf. diskutiert.

Konkretes Unterrichtsbeispiel:

Schutz und Bedrohung der Erdatmosphäre: Ist ein Umstieg auf regenerative Energiequellen in naher Zukunft möglich?

Die erneuerbaren Energiequellen kommen an ihre Grenzen. Aufgrund einer durch Bevölkerungswachstum und Fortschritt bedingten höheren Energienachfrage weltweit kann auf Kohle, Öl und nicht zuletzt Atomenergie in absehbarer Zeit nicht verzichtet werden.

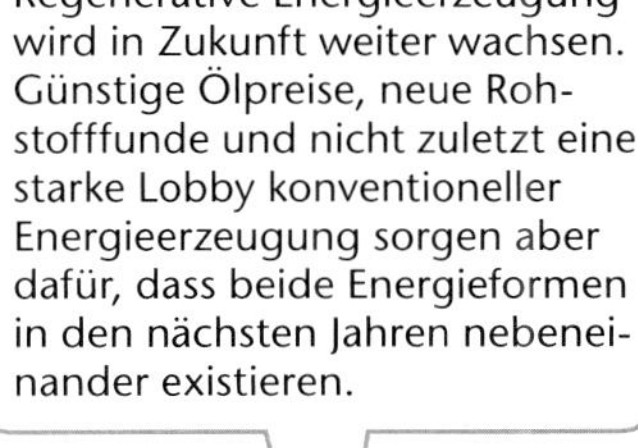

Die erneuerbaren Energien nehmen einen immer größeren Anteil am Energiemix ein. Da die Menschen vernünftig sind und der Staat Nachhaltigkeit weiter fördert, kann in wenigen Jahren auf fossile Energieträger ganz verzichtet werden.

Tipp:

Variante: Die Klasse wird in drei Gruppen eingeteilt. Eine Gruppe bildet die „Realisten“, eine Gruppe die „Kritiker“ und eine Gruppe die „Visionäre“. Die Argumente der Gruppen werden im Plenum vorgetragen und diskutiert.

5 Min.

Perspektivenwechsel ermöglichen; personale Kompetenzen fördern

Steckbriefe der Familie Humboldt auf Folie

Durchführung:

Der Lehrer stellt die Familie Humboldt vor, die die Schüler im weiteren Verlauf des Erdkundeunterrichts begleiten wird. Die Schüler betrachten bei der Behandlung des Themas den jeweiligen geografischen Raum aus dem Blickwinkel der einzelnen Familienmitglieder.

Konkretes Unterrichtsbeispiel:

Steckbriefe der Familie Humbold

Tochter
Lisa Humboldt
14 Jahre

- Geht gerne shoppen
- Möchte, dass es allen Menschen gut geht
- Mag südliche Länder und Mittelmeerinseln
- Interessiert sich für fremde Kulturen

Vater
Mathias Humboldt
44 Jahre

- Ist gerne in der Natur
- Fühlt sich dort wohl, wo es so aussieht wie zu Hause
- Wandert gerne
- Begeistert sich für Eisenbahnen

Mutter
Brigitte Humboldt
42 Jahre

- Mag gerne Städte
- Liebt exotische Orte
- Hat gerne Kontakt zu Menschen
- Interessiert sich für Geschichte

Sohn
Jonas Humboldt
11 Jahre

- Macht gerne Sport
- Isst gerne Gerichte aus anderen Ländern
- Findet Abenteuer und Zelten in der Natur spitze
- Möchte einmal einen Gletscher sehen

Hund
Waldi

Freut sich, wenn er andere Tiere sieht – je größer sie sind, desto besser

Tipp:

Diese Methode eignet sich für Schüler der Unterstufe, da diese besonders motiviert sind, das ganze Jahr von Familie Humboldt begleitet zu werden und immer wieder Unterrichtsinhalte aus deren Blickwinkel zu betrachten.

Vorkenntnissen aktivieren; freie Meinungsäußerung ermöglichen; hohe Schüleraktivierung erzielen

farbige Moderationskarten bzw. Zettel (Format ca. 21 x 10 cm), Filzstifte, Pinnwand oder Tafel, Klebeband, Klebepunkte

Durchführung:

Jeder Schüler erhält drei Moderationskarten. Der Lehrer nennt das Thema. Die Schüler schreiben nun auf jede Karte einen Aspekt, der ihnen dazu einfällt. Dabei achten sie darauf, dass sie so groß schreiben, dass das Wort auch von den hinteren Sitzreihen aus zu lesen ist. Die Karten werden nun unstrukturiert an die Pinnwand bzw. Tafel gehängt. Doppelte Nennungen werden abgehängt.

Nun kommen zwei Schüler nach vorne und clustern die Karten, d. h., sie ordnen die Karten nach selbstgewählten Kriterien und finden Oberbegriffe, die sie auf andersfarbige Moderationskarten über die geclusteten Begriffe heften.

Im Plenum wird das Ergebnis diskutiert und ggf. werden Änderungen vorgenommen. Hat man sich auf eine mehrheitsfähige Lösung verständigt, erhält jeder Schüler drei Klebepunkte. Diese klebt er an die drei Karten, deren Inhalt ihn am meisten interessiert. Die Karten mit den meisten Klebepunkten bilden den Schwerpunkt bei der Behandlung des Themas.

Konkretes Unterrichtsbeispiel:

Impulse für einen Schreibdialog zum Thema „Tropischer Regenwald"

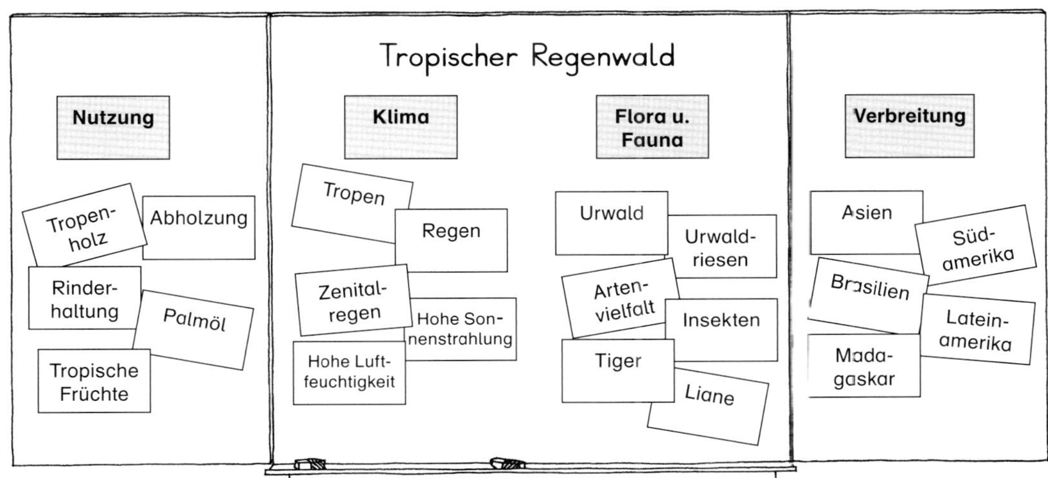

2.2 Schreibdialog

15 Min. 

Meinungen und Präkonzepte abfragen; soziale Interaktion fördern; schriftliche Ausdrucksfähigkeit fördern

vorbereitete Blätter (DIN-A3, Plakate oder Flipchart-Blätter) mit jeweils einer Aussage oder einem Satzanfang, farbige Stifte

Durchführung:

Beim Schreibdialog kommunizieren die Schüler schriftlich miteinander. Sie arbeiten in Gruppen mit drei bis vier Schülern zusammen. Der Lehrer gibt eine Aussage bzw. einen Satzanfang vor. Die Schüler schreiben abwechselnd, was ihnen zu dem Thema einfällt. Das kann ein Kommentar, eine Frage oder ein weiterführender Gedanke sein. Anschließend wird das Blatt zum nächsten Schüler weitergegeben. Er nimmt nun zu der Ausgangsaussage und den Anmerkungen des Mitschülers schriftlich, in einer anderen Farbe, Stellung. Wichtig ist, dass während des Schreibdialoges nicht gesprochen wird. Der Vorgang wird so lange wiederholt, bis alle Schüler einer Gruppe ihre Ideen auf dem Zettel notiert haben. Dann erhält die Klasse Zeit, sich in einem Gallery Walk die Ergebnisse der anderen Gruppen anzusehen.

In einer anschließenden Plenumsphase wird nun versucht, die einzelnen Gedanken der Gruppen zusammenzuführen und als Grundlage für den weiteren Unterrichtsverlauf zu nutzen.

Konkretes Unterrichtsbeispiel:

Impulse für einen Schreibdialog zum Thema „Entwicklungshilfe“

- Es ist die Pflicht der Industrieländer, die Entwicklungsländer bei ihrem Modernisierungsprozess zu unterstützen.
- Entwicklung ist nur möglich, wenn die Industrieländer auf Wohlstand verzichten.
- Entwicklung ist für jedes Land möglich – unabhängig von der naturräumlichen Ausstattung.
- Entwicklungsländer liegen immer in Ungunst-Räumen.

5 Min.

Vorwissen und Präkonzepte abfragen; soziale, personale und kommunikative Kompetenzen fördern

ggf. Arbeitsanweisung auf Folie, ggf. Atlas, ggf. Stadtplan des Schulortes

Durchführung:

Der Lehrer nennt das Thema. Die Schüler notieren in Einzelarbeit die fünf Aspekte, die ihnen in Bezug auf das Thema am wichtigsten erscheinen. Anschließend arbeiten sie mit ihrem Sitznachbarn zusammen. Sie sollen sich auf der Grundlage ihrer Notizen auf vier Aspekte einigen – im extremsten Fall müssen sie sich von einer Liste mit zehn unterschiedlichen Punkten gemeinsam auf die wichtigsten vier verständigen. Anschließend arbeiten jeweils zwei Paare zusammen (ggf. können sich die Schüler jeder zweiten Reihe einfach zu einem weiteren Paar umdrehen, wenn die Klasse in Reihen sitzt). Sie müssen sich nun auf drei gemeinsame Aspekte einigen: Anschließend stellen die Gruppen ihrer Ergebnisse vor. Wenn noch Zeit ist, können einzelne Schüler eine Rückmeldung über die Diskussion und die Entscheidungsfindung innerhalb ihrer Gruppe geben.

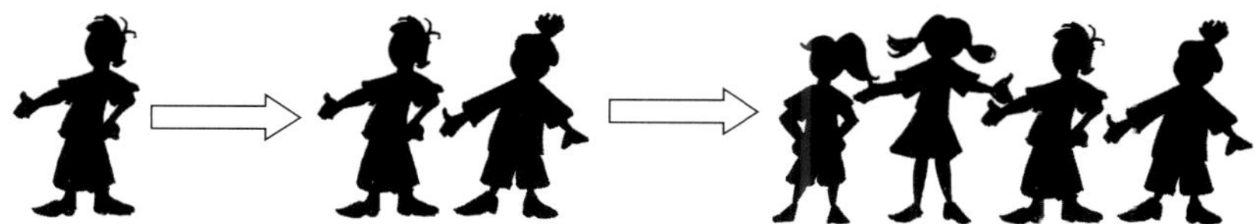

Konkrete Unterrichtsbeispiele:

- Notiert die fünf / vier / drei Branchen, die deiner / eurer Meinung nach am zukunftsfähigsten sind.
- Notiert fünf / vier / drei globale Herausforderungen, die im 21. Jahrhundert ganz oben auf der Agenda stehen (sollten).
- Notiert die fünf / vier / drei ergiebigsten Ziele für eine geografische Exkursion.
- Notiert mithilfe des Atlas die fünf / vier / drei Standorte, an denen ihr einen Windpark errichten würdet.
- Notiert mithilfe eines Stadtplanes eures Schulortes die fünf / vier / drei Straßen, in denen ihr eine verkehrsberuhigte Zone einrichten würdet.

2.4 Bilderlandschaft

5 Min.

sprachliche Ausdrucksfähigkeit fördern; Zusammenhänge erkennen

mind. 4 Bilder, die das Thema von unterschiedlichen Seiten beleuchten

Durchführung:

Der Lehrer präsentiert die Bilder und die Schüler beschreiben diese zunächst. Anschließend sollen die Schüler versuchen, Gemeinsamkeiten zu benennen und eine für alle Bilder passende Überschrift zu finden. Nachdem das Thema genannt wurde, äußern sich die Schüler zu den einzelnen Bildern, z. B.: Das Bild hat mit dem Thema xy zu tun, da ... Die Schüleräußerungen werden dabei nicht kommentiert.

Konkretes Unterrichtsbeispiel:

Bilderlandschaft zum Thema „Wasser"

2.5 Kopfstandmethode

10 Min.

Kreativität fördern; problemorientiertes Denken fördern; Perspektivenwechsel ermöglichen

verschiedene Themen

Durchführung:

Bei der Kopfstandmethode sollen die Schüler zu einem Thema Fragestellungen formulieren – allerdings sollen sie dabei die Problemstellung auf den Kopf stellen, also ins Gegenteil verkehren. Hierfür arbeiten sie in Kleingruppen von zwei bis vier Schülern zusammen.

Folgendes Vorgehen empfiehlt sich:

1. Die ursprüngliche Fragestellung wird in ihr Gegenteil verkehrt.
2. Es werden Ideen gesammelt, wie die umgekehrte Problemstellung gelöst werden kann.
3. Die Lösungen werden ebenfalls auf den Kopf gestellt.
4. Konkrete Lösungsvorstellungen werden entwickelt und auf ihre Umsetzbarkeit überprüft.

Konkretes Unterrichtsbeispiel:

Fragestellungen zum Thema „Schutz und Bedrohung der Erdatmosphäre"

Ursprüngliches Problem	Kopfstand-Problem	Kopfstand-Lösung	Umkehrung
zunehmender CO_2-Anteil in der Atmosphäre	Wie kann der CO_2-Anteil in der Atmosphäre erhöht werden?	mehr fossile Energieträger nutzen	alternative Energieträger nutzen
steigende Energiepreise	Wie können die Energiepreise gesenkt werden?	Ausweitung der Suche nach Energieträgern, z. B. in Naturschutzgebieten	Förderung energiesparender Technologien
Notwendigkeit der Ressourcenschonung	Wie kann ich weiter konsumieren, ohne mich einschränken zu müssen?	Konsumverzicht und Ressourcenschonung ist Aufgabe der anderen.	Gemeinsame Lösungen müssen gesucht und umgesetzt werden.

soziale Kompetenzen fördern; kommunikative Fähigkeiten fördern; Kreativität fördern; aktives Zuhören fördern

vorbereitete Problemstellung ggf. auf Folie

Durchführung:

Die Klasse wird in Gruppen zu jeweils vier bis sechs Schülern eingeteilt. Der Lehrer nennt eine geografische Problemstellung. Die Schüler sollen sich nun in der Gruppe mit dieser auseinandersetzen. In einer ersten Runde beginnen die Schüler reihum, ihre Ideen zu formulieren. Dazu äußert jeder einen Satz, der auf einer Äußerung des Vorredners aufbaut und mit den Worten „Ja, aber …" beginnt.

Nach einer kurzen Diskussion innerhalb der Gruppen über die Beiträge der ersten Runde beginnt ein zweiter Durchlauf. Dabei beginnen die Schüler jeden ihrer Sätze mit den Worten „Ja, und …". Auch hier soll der Beitrag des vorhergehenden Schülers aufgegriffen werden. Am Ende wird im Plenum kurz über die Ideen in den einzelnen Gruppen gesprochen.

Konkretes Unterrichtsbeispiel:

Problemstellung zum Thema „Regenerative Energiequellen": Windkraft in Deutschland als Alternative zu fossilen Energieträgern?

Ja, **aber** …
… der Wind weht aber nur sehr unregelmäßig.
… nicht jeder Standort ist dafür geeignet.
… der meiste Wind fällt im Norden an und muss aufwändig in den Süden transportiert werden.
… Windräder sind laut und gefährden Vögel.

Ja, **und** …
… Windkraft soll mit Biogas und Solarthermie ergänzt werden.
… mit neuen Speichertechnologien können Schwankungen im Windaufkommen ausgeglichen werden.
… mit staatlicher Förderung lohnen sich auch kleinere Anlagen.
… Bürgerwindräder u. Ä. erhöhen die Akzeptanz in der Bevölkerung.

Präkonzepten aktivieren; soziale und kommunikative Kompetenzen fördern; Schüleraktivierung gewährleisten

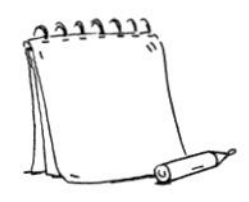

Musik

Durchführung:

Das Mobiliar wird beiseite gerückt, sodass in der Mitte des Klassenzimmers ausreichend Platz zum Herumgehen entsteht. Während die Musik spielt, schlendern die Schüler durch den Klassenraum. Sobald die Musik leiser wird, bilden die Schüler, die sich am nächsten stehen, ein Paar. Der Lehrer nennt das Thema / die Fragestellung. Der jeweils jüngere Schüler präsentiert nun dem Mitschüler seine Sichtweise / seine Lösung. Nach maximal 1 Minute wird gewechselt. Nun ist der andere Schüler an der Reihe. Das Gehörte wird jeweils nicht kommentiert. Die Musik wird wieder lauter gestellt und die Schüler schlendern erneut durch den Raum. Die Übung wird noch zwei- bis dreimal wiederholt. Nach dem letzten Durchgang notiert jeder Schüler kurz eine Zusammenfassung der gehörten Aspekte. Ausgewählte Schülerbeiträge werden vorgelesen bzw. die Zettel im Klassenraum aufgehängt und in einem kurzen Gallery Walk von allen gelesen.

Konkrete Unterrichtsbeispiele:

- Die Erde trägt eine wachsende Weltbevölkerung nur, wenn die Industrieländer ihren Lebensstil drastisch verändern.
- Die weltweite Flüchtlingsproblematik ist die globale Herausforderung des 21. Jahrhunderts.
- Die ökologische Landwirtschaft ist eine Sackgasse.
- Der Mensch kann die Naturgewalten beherrschen.
- Zum Schutz der Alpen muss der Wintertourismus verboten werden.

Tipp:

Diese Methode ist besonders ertragreich bei Themenstellungen, die kontrovers diskutiert werden können.

soziale und kommunikative Kompetenzen fördern; Vorwissen aktivieren

Folienschnipsel, Folienstifte, Projektor

Durchführung:

Die Klasse wird in Gruppen mit je drei bis sechs Schülern eingeteilt. Jede Gruppe erhält fünf Folienschnipsel. Der Lehrer nennt nun das Thema. Die Schüler notieren die fünf Aspekte, die für sie im Zusammenhang mit dem Thema am interessantesten, wichtigsten etc. sind. Nach 3 Minuten kommt die erste Gruppe nach vorne und präsentiert ihre Punkte. Dabei sollen sie ihre Punkte auch priorisieren (wichtigsten Aspekt zuerst nennen etc.) und ihre Auswahl begründen. Nun kommt die nächste Gruppe nach vorne. Sie überarbeitet die Liste der Vorgängergruppe, d. h., sie kann Schnipsel austauschen und / oder deren Reihenfolge ändern. Wenn alle Gruppen vorne waren, bildet diese von allen Schülern bearbeitete Liste die Grundlage der Stunde, auf die am Ende noch einmal zurückgegriffen und für die geprüft wird, ob alle von den Schülern genannten Aspekte behandelt wurden.

Konkretes Unterrichtsbeispiel:

Schnipsel-Hitparade zum Thema „Mobilität"

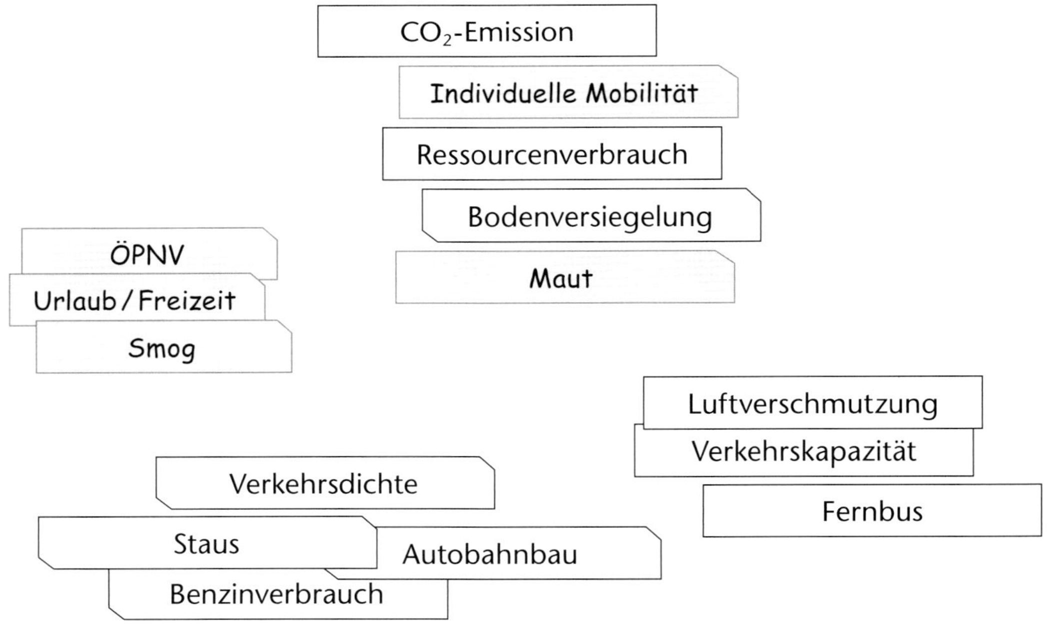

problemlösendes Denken fördern; individuellen Zugang zum Thema ermöglichen

Diagramm / Schaubild auf Folie, Materialien zur Bearbeitung der Fragen, ggf. Recherchemöglichkeit im Internet, Tafel

Durchführung:

Bei dieser schülerorientierten Methode bestimmen die Lernenden den Schwerpunkt der Themenbearbeitung selbst. Der Lehrer bestimmt lediglich das Stundenthema.

Der Lehrer legt ein thematisch passendes Diagramm auf Folie auf. Die Schüler notieren zunächst in Einzelarbeit zwei bis drei Fragen, die für sie im Zusammenhang mit dem Diagramm relevant sind. Diese können sowohl inhaltlich (z. B. Ursachen, Folgen der dargestellten Entwicklung) als auch methodischer Art sein. Die Schüler gehen nun in Vierergruppen zusammen und verständigen sich auf vier Fragen, die sie gemeinsam beantworten wollen. Mit dem bereitgestellten Material bearbeiten sie ihre Fragestellungen und halten die Ergebnisse in geeigneter Weise fest. Anschließend stellen die einzelnen Gruppen ihre Ergebnisse kurz vor. Im Plenum werden abschließend offene Fragen geklärt.

Konkretes Unterrichtsbeispiel:

Fragen zu einem Diagramm zum Thema „Demografischer Übergang"

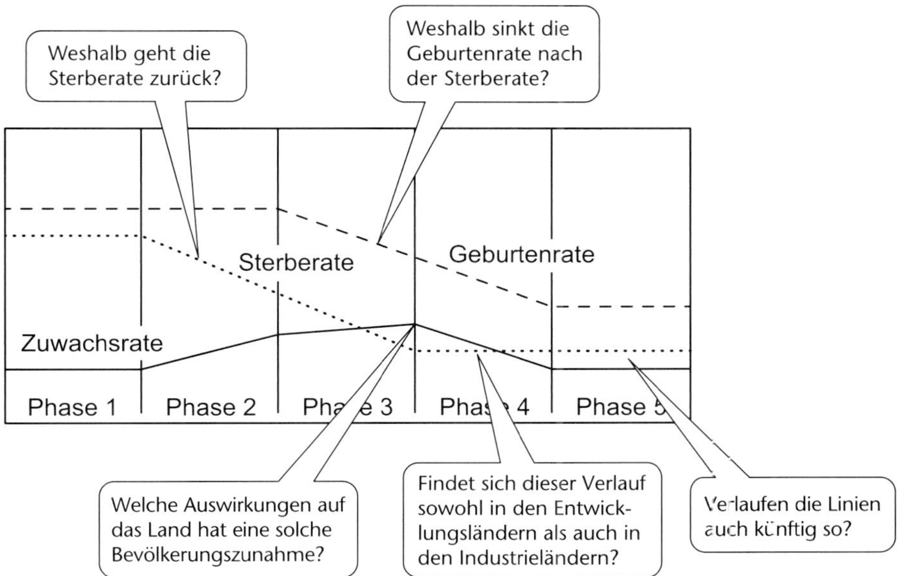

25 Min.

vernetztes und problemlösendes Denken fördern; kommunikative Fähigkeiten fördern

Papiercomputer-Vorlage

Durchführung:

Viele geografische Zusammenhänge lassen sich nicht monokausal erklären, sondern haben eine Reihe von Ursachen, die sich oftmals auch wechselseitig beeinflussen. Der Papiercomputer (nach F. Vester) ist eine Möglichkeit, diese Ursache-Wirkungs-Zusammenhänge zu visualisieren.

Die Schüler arbeiten in Gruppen zu maximal vier Schülern zusammen. Jede Gruppe erhält eine Matrix und soll nun für jeden Deskriptor diskutieren, ob / inwieweit dieser eine Wirkung auf einen anderen hat bzw. ob / inwieweit sie sich beeinflussen. In die entsprechende Spalte tragen sie 0 (keine Wirkung), 1 (geringe Wirkung), 2 (mittlere Wirkung) und 3 (starke Wirkung) ein. Leistungsstärker Gruppen erhalten eine leere Matrix und müssen die Deskriptoren selber ermitteln. Bei der Auswertung wird die Aktivsumme (Wie stark wirkt ein Faktor auf den anderen?) und die Passivsumme (Wie stark wird ein Faktor von den anderen beeinflusst?) durch Addition ermittelt. Die Ergebnisse werden im Plenum besprochen.

Konkretes Unterrichtsbeispiel:

Papiercomputer zum Thema „Stadtgeografie"

Wirkung von ↓ auf →	Bevölkerungs-entwicklung	Kaufkraft	Mietpreis	Lebensstil	Ressourcen-verbrauch	Emission	Verkehrssystem	Bodenver-siegelung	Aktivsumme
Bevölkerungsentwicklung	X	2	3	0	2	2	2	3	14
Kaufkraft	1	X	2	3	2	2	1	2	13
Mietpreis	1	1	X	1	0	0	0	3	6
Lebensstil	1	0	0	X	1	3	2	2	9
Ressourcenverbrauch	0	1	1	1	X	2	1	2	8
Emission	2	0	1	1	2	X	0	0	6
Verkehrssystem	1	1	0	1	1	2	X	1	7
Bodenversiegelung	1	0	1	1	3	1	1	X	8
Passivsumme	7	5	8	8	11	12	7	13	71

Den stärksten Einfluss hat die Bevölkerungsentwicklung (Aktivsumme = 14).

Am stärksten von den anderen Faktoren wird die Bodenversiegelung (Passivsumme = 13) beeinflusst.

Lesehilfe:

Die Bodenversiegelung hat keine Auswirkung auf die Kaufkraft.

Die Bevökerungsentwicklung hat einen sehr großen Einfluss auf die Mietpreise.

soziale und kommunikative Fähigkeiten fördern; vernetztes Denken fördern

vorbereitetes Material für die Gruppenarbeitsphase, Arbeitsaufträge für die Dating-Phase

Durchführung:

Das Thema wird vom Lehrer in vier bis sechs Teilbereiche eingeteilt, die von den Schülern in einer ersten Phase in einer arbeitsteiligen Gruppenarbeit bearbeitet werden (20–25 Minuten). Anschließend erhalten die Schüler die Arbeitsaufträge für die Dating-Phase. Jeder Schüler sucht sich nun einen Mitschüler einer anderen Gruppe, von dem er glaubt, er könne ihm bei der Bearbeitung helfen. Die Paare haben 1 Minute Zeit, um sich auszutauschen. Anschließend sucht sich jeder Schüler einen neuen Partner. Je nach Umfang der Arbeitsaufträge sollten sechs bis acht Durchgänge für die Beantwortung ausreichend sein. Nach der letzten Dating-Runde erhalten die Schüler etwas Zeit, um ihre Ergebnisse festzuhalten. In einer abschließenden Plenumsphase wird die Methode kurz reflektiert und offene Fragen werden geklärt.

Konkretes Unterrichtsbeispiel:

Wissen-Dating zum Thema „Landwirtschaft"

Arbeitsaufträge

Gruppenarbeitsphase:

Werdet zu Experten für euer Thema, indem ihr das Material durcharbeitet und in geeigneter Weise zusammenfasst.

* *

Dating-Phase:

1. Nenne jeweils drei Vor- und Nachteile der konventionellen und ökologischen Landwirtschaft.
2. Charakterisiere die Landwirtschaft in Deutschland.
3. Beurteile die Perspektive der ökologischen Landwirtschaft in Deutschland.

soziale und personale Kompetenzen fördern; individuelles Lerntempo berücksichtigen

Materialien (Texte, Grafiken, Tabellen etc.) mit Arbeitsaufträgen

Durchführung:

Die Schüler bearbeiten in Einzelarbeit in ihrem eigenen Tempo die erste Aufgabe. Sobald sie fertig sind, gehen sie zu einem vorher festgelegten Treffpunkt, z. B. zur Tafel oder zu einem Kartenständer, und warten, bis der nächste Schüler kommt. Sie suchen sich einen freien Platz im Klassenraum, vergleichen ihre Ergebnisse, ergänzen sie und bearbeiten ggf. gemeinsam einen weiterführenden Arbeitsauftrag. Anschließend geht jeder Schüler wieder auf seinen Platz und bearbeitet in Einzelarbeit die nächste Aufgabe. In einer Schulstunde sind, abhängig vom Umfang des Materials, zwei bis fünf Durchgänge möglich. Am Stundenende werden im Plenum offene Fragen geklärt und es wird über die Ergebnisse diskutiert.

Konkrete Unterrichtsbeispiele:

Lerntempo-Duett zum Thema „Küste"

- Aufgabe 1:
  - EA: Die Schüler erarbeiten mithilfe eines Textes und einer Grafik die Ursachen des Wechsels von Ebbe und Flut.
  - PA: Weiterführende Frage / Aufgabe: Welche Auswirkungen hat der Wechsel von Ebbe und Flut auf die Küstenbewohner?
- Aufgabe 2:
  - EA: Die Schüler erarbeiten mithilfe eines Textes und unterschiedlichen Bildern die Flora und Fauna an der Nordseeküste.
  - PA: Weiterführende Frage / Aufgabe: Überprüfe, ob es sich bei den Küsten um einen besonders schützenswerten Naturraum handelt.
- Aufgabe 3:
  - EA: Die Schüler erarbeiten mithilfe eines Textes und des Atlas Unterschiede und Gemeinsamkeiten von Nord- und Ostseeküste.
  - PA: Weiterführende Frage / Aufgabe: Welche Küsten auf der Erde sind mit der von Nord- bzw. der Ostsee vergleichbar?

Tipps:

- Insbesondere wenn die Methode neu eingeführt wird, sollten die Schüler ermuntert werden, sich gleich zum Treffpunkt zu begeben, sobald sie fertig sind, und nicht auf einen Freund zu warten.
- Da die Schüler mit einem unterschiedlichen Lerntempo arbeiten, kann nicht erwartet werden, dass alle Schüler am Stundenende die Aufgaben vollständig bearbeitet haben. Dennoch sollte man sich mit der Klasse auf eine Mindestzahl (z. B. zwei von drei) Aufgaben verständigen, die jeder bearbeiten sollte.

25 Min.

soziale und kommunikative Kompetenzen fördern

Materialien für die arbeitsteilige Gruppenarbeit, leere Placemat-Vorlage

Durchführung:

Die Schüler treffen sich in Vierergruppen an Gruppentischen. In einer ersten Arbeitsphase bearbeitet jeder Schüler mithilfe der bereitgestellten Materialien in Einzelarbeit das Thema. In einem zweiten Schritt stellen die Schüler sich gegenseitig ihre Ergebnisse vor. Alternativ kann das Blatt auch gedreht werden, sodass die Schüler jeweils die Notizen lesen können. Anschließend formulieren die Schüler, ggf. mit einem weiterführenden Arbeitsauftrag, ein Fazit in der Mitte. Die Ergebnisse werden abschließend im Plenum vorgestellt.

Konkretes Unterrichtsbeispiel:

Placemat zum Thema „Alternative Energiequellen"

Biogas:
- überall einsetzbar, CO_2-neutral
- hohe Anfangsinvestitionen notwendig
- Probleme: Nahrungsmittel vs. Energie, Monokulturen beim Anbau von Energiepflanzen

Wasserkraft:
- saubere Energiequelle, allerdings hohe Investitionen nötig
- kann als Speicher für überschüssige Energie verwendet werden
- an bestimmte geografische Begebenheiten gebunden

Regenerative Energiequellen:
- alle Arten (Sonne, Wasser, nachwachsende Rohstoffe, Wind) haben Vorteile und Nachteile
- insbesondere Deutschland als Standort nicht optimal

⇓

Sinnvoll erscheint uns ein Energiemix, wobei noch nicht vollständig auf fossile Energien verzichtet werden kann. Brückentechnologie notwendig?!
Energiesparen als wichtige Maßnahme

Windkraft:
- umweltfreundlich, allerdings weht der Wind nicht ständig
- höchste Windausbeute an den Küsten, allerdings sind die größten Verbraucher (Industrie) in der Mitte und im Süden Deutschlands

Sonnenenergie:
- Solaranlage (Wasseraufbereitung) und Fotovoltaik (Stromerzeugung)
- in Deutschland nur mit Subventionen rentabel
- benötigt kostengünstige Speichertechnologie

45–90 Min. ☆☆

individuelles Lerntempo und Lernwege ermöglichen; Selbstständigkeit fördern; Differenzierung ermöglichen; hohe Schülerorientierung gewährleisten

vorbereitete Stationen, Arbeitsaufträge

Durchführung:

Vom grundsätzlichen Aufbau entspricht der Lern-Parcours einem Lernzirkel bzw. dem Stationenlernen: Es gibt verschiedene Stationen, an denen verschiedene Materialien ausgelegt sind, die einzelne Aspekte des Themas behandeln. Idealerweise sollen die Stationen so angelegt sein, dass sie verschiedene Zugangswege eröffnen und unterschiedliche Lerntypen ansprechen. Während beim klassischen Lernzirkel die Schüler in der Regel einen Laufzettel abarbeiten müssen, gibt es beim Lern-Parcours lediglich offen formulierte Aufgaben, die die Schüler selbstständig mit den bereitstehenden Materialien beantworten sollen. Die Schüler müssen das Material zuerst sichten und dann entscheiden, welches sie zur Beantwortung heranziehen. Die Sozialform ist den Schülern freigestellt. Sie entscheiden, ob sie allein oder mit einem oder mehreren Mitschülern zusammenarbeiten wollen.

Konkretes Unterrichtsbeispiel:

Stationen eines Lern-Parcours zum Thema „Polargebiete“

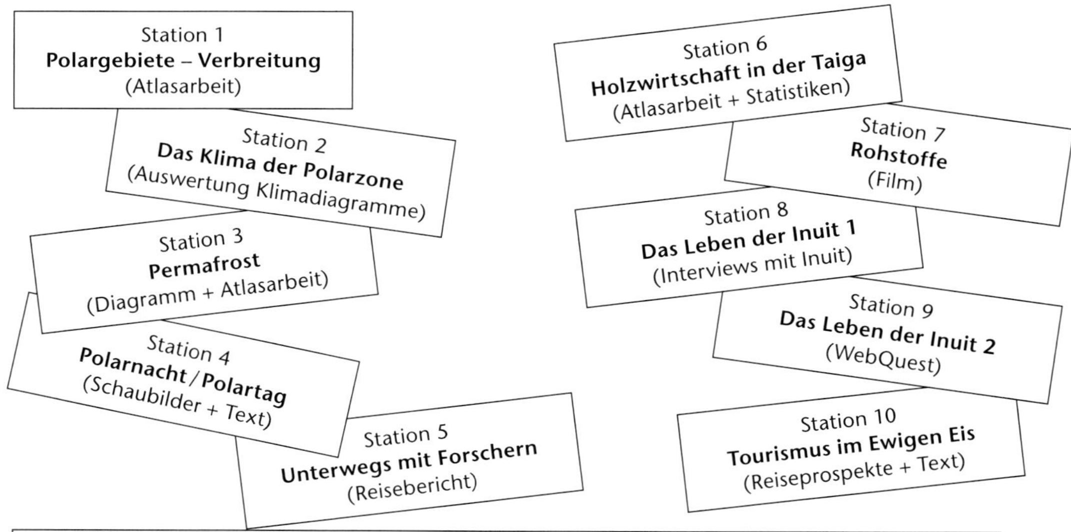

Arbeitsaufträge

1. Charakterisiere die Polargebiete.
2. Erkläre, wie es den Menschen gelungen ist, die Kalte Zone als Lebensraum zu nutzen.
3. Beurteile, inwieweit die Polarzone ein bedrohter Naturraum ist.

problemlösendes und vernetztes Denken fördern; Kreativität fördern; soziale Kompetenzen fördern

Materialien zur Szenario-Erstellung

Durchführung:

Bei der Szenario-Methode sollen mögliche Entwicklungen in der Zukunft analysiert und dargestellt werden. Im Gegensatz zur Zukunftswerkstatt (vgl. 3.8) sollen wahrscheinliche Zukunftsentwicklungen entfaltet werden. Ein Szenario läuft idealerweise in folgenden Phasen ab:

1. Aufgaben- und Problemanalyse (Plenum): Es wird ein gesellschaftlich relevantes Problem ermittelt, das zeitlich und räumlich eingegrenzt werden kann.
2. Einflussanalyse und Deskriptorenbestimmung (Plenum ggf. Einzelarbeit, Partnerarbeit): Die relevanten Einflussfaktoren müssen ermittelt und eventuelle Wechselwirkungen festgestellt werden. Hier kann die Moderationsmethode (vgl. 2.1) oder der Papiercomputer (vgl. 3.2) zum Einsatz kommen.
3. Entwicklung von Szenarien (Gruppenarbeit): Mit den ermittelten Deskriptoren werden wahrscheinliche Zukunftsentwicklungen ermittelt. Dabei können unterschiedliche Szenarien entfaltet werden: Ein **Best-Case-Szenario** geht von einer bestmöglichen, ein **Worst-Case-Szenario** von der schlechtest möglichen Entwicklung aus. Bei einem **Trendszenario** wird die aktuelle Entwicklung fortgeschrieben.
4. Strategien zur Problemlösung (Plenum): Es wird ein Maßnahmenkatalog erstellt, mit dem den negativen Entwicklungen entgegengewirkt werden kann bzw. positive Tendenzen unterstützt werden.

Konkrete Unterrichtsbeispiele:

Mögliche Themen für die Szenario-Entwicklung:

- Die Knappheit von Wasser in Trockenräumen nimmt zu.
- Der Anteil des Individualverkehrs in der Heimatgemeinde nimmt zu.
- Fossile Energieträger gehen zur Neige.
- China setzt seine Wirtschaftsentwicklung fort und strebt einen Lebensstil wie in den Industrieländern an.

3.8 Zukunftswerkstatt

vernetztes Denken fördern; Problemlösekompetenz fördern; einen emotionalen Zugang ermöglichen; soziale und kommunikative Kompetenzen fördern

Moderationskärtchen, Klebeband, Tafel, Plakate, Filzstifte

Durchführung:

Bei der Zukunftswerkstatt sollen die Schüler wünschenswerte Zukunftsvisionen entwickeln. Im Gegensatz zur Szenario-Methode (vgl. 3.7) ist der bewusste Bruch mit der Realität erwünscht. Die dabei entwickelten Zukunftsbilder sollen anschaulich die Wunschvorstellung der Schüler darstellen. Die Schüler arbeiten idealerweise in Gruppen mit drei bis fünf Mitgliedern zusammen. Die einzelnen Gruppen präsentieren ihre Ergebnisse auf Plakaten.

Eine Zukunftswerkstatt läuft idealerweise in folgenden Phasen ab:

1. Einstiegsphase (Plenum): Die Schüler werden mit der Methode und dem Thema, einem Problem / Konflikt, vertraut gemacht. Hier erfolgt auch die Gruppenfindung.
2. Problematisierungsphase (Plenum): Ausgehend von der Themenstellung formulieren die Schüler Kritikpunkte auf Moderationskärtchen, z. B.: An … stört mich, dass ..., Das empört mich an … Etc. Diese werden an der Tafel gesammelt und geclustert (vgl. Moderationsmethode 2.1).
3. Utopiephase (Gruppenarbeit): Ausgehend von den Kritikpunkten formulieren die Schüler in den Gruppen positive Lösungsvorschläge und Alternativen. Die Ergebnisse halten sie auf einem Plakat fest.
4. Realisierungsphase (Plenum): Die einzelnen Gruppen präsentieren ihre Ergebnisse. Anschließend wird diskutiert, welche der Utopien sich in reales Handeln umsetzten lassen. Evtl. lassen sich realisierbare Teilziele formulieren.
5. Nachbereitungsphase (Plenum): Die Inhalte werden zusammengefasst und die Methode reflektiert.

Konkrete Unterrichtsbeispiele:

- Alle Menschen leben in Wohlstand.
- Mobilität ohne Grenzen
- L(i)ebenswerte Stadt – Agenda21 am Schulort

Tipp:

Es ist auch eine projektorientierte Umsetzung dieser Methode – evtl. auch fächerverbindend –, die sich über mehrere Schulstunden erstrecken kann, denkbar.

3.9 Mystery

problemlösendes und vernetztes Denken fördern; Hypothesenbildung ermöglichen; soziale Kompetenzen fördern

Mystery-Kärtchen, Arbeitsblatt, Plakat (DIN-A3), verschiedenfarbige Stifte, Kleber

Durchführung:

Bei der Mystery-Methode sollen die Schüler mithilfe einzelner Textbausteinen, den sogenannten Mystery-Kärtchen, eine Ausgangsfrage beantworten, indem sie die einzelnen Kärtchen in einen sinnvollen Zusammenhang bringen. Die Klasse wird in Gruppen mit drei bis fünf Schülern eingeteilt. Sie erhalten jeweils einen Satz Kärtchen, auf denen Schlagworte, Sätze, Diagramme und kurze Textpassagen rund um das Thema vorgegeben sind. Nach der Lesephase sortieren sie die Karten in hilfreiche und weniger hilfreiche Informationen und formulieren Hypothesen. Indem sie die einzelnen Informationskarten miteinander verknüpfen, beantworten sie die Leitfrage und erstellen ein möglichst aussagekräftiges Plakat. Am Ende der Arbeitsphase (20–30 Minuten) werden die Ergebnisse präsentiert und die verschiedenen Lösungswege diskutiert.

Konkretes Unterrichtsbeispiel:

Mystery zum Thema „Fair Trade“

<u>Leitfrage:</u> Warum sieht Marc am Ende ein, dass sein Vater lieber teure Fair-Trade-Bananen einkauft?

Marc wundert sich, weshalb sein Vater die teuren Fair-Trade-Bananen kauft (2,69 Euro / kg), obwohl die günstigen oft für 0,99 Euro / kg angeboten werden.	„Geiz ist geil“®: 2002–2011 Werbeslogan einer Elektronikhandelskette
„Die Ökofrüchte schmecken doch gar nicht und sind zudem viel zu teuer“, hört Marc oft.	Gerado ist seit seinem 13. Lebensjahr im Bananenanbau. Nachdem er als Kleinbauer kaum von seinen Erträgen leben konnte, schloss er sich vor drei Jahren der Kooperation „EL Cambur“ an.

„Bio-Zeug ist doch nur was für Ökos und Schicki-Micki-Typen, die mit dem Porsche zum Bio-Bauern fahren", hat Marc einen Nachbarn sagen hören.	„Die wenigen Bio-Käufer können doch gegen die übermächtige Landwirtschaftsindustrie nichts ausrichten", hat Marc im Supermarkt gehört.
Fair Trade garantiert einen festen Mindestpreis, der über dem Weltmarktpreis liegt, und bietet eine Vorfinanzierung an.	Viele Familien können es sich gar nicht leisten, für Nahrungsmittel 20 bis 30 Prozent mehr auszugeben.
Beim normalen Bananenanbau bleibt der Großteil der Gewinne bei den Konzernen, während die einheimischen Bauern nur einen Bruchteil erhalten.	Im konventionellen Bananenanbau werden viele Pestizide eingesetzt, die nicht nur die Umwelt, sondern auch die Arbeiter schädigen.
„Banane ist doch Banane", denkt Marc.	Die Kooperative ist ein Zusammenschluss von Kleinbauern, die ihre Interessen gemeinsam vertreten und direkt mit den Firmen in Europa verhandeln.
Fair Trade fördert den nachhaltigen Anbau und wird von unabhängigen Institutionen kontrolliert und zertifiziert.	Weltweit wird fast nur die Bananen-Sorte „Cavendish" verkauft. Diese Monokulturen machen die Bananen anfällig für Krankheiten.
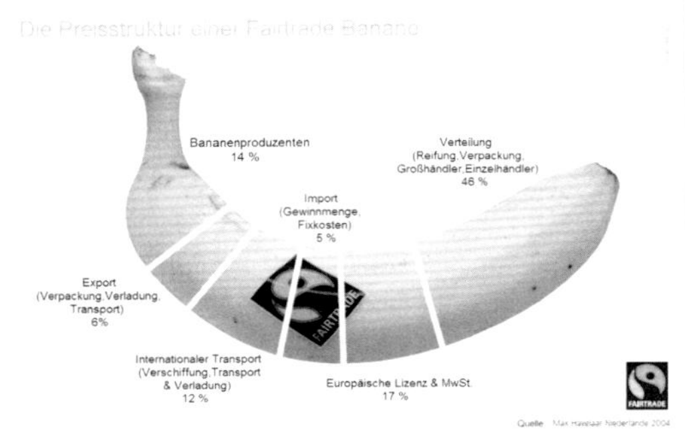	Jede vierte Banane in Deutschland stammt aus Costa Rica, einem kleinen Land in Mittelamerika. Ganze Regionen des Landes sind mit Bananenplantagen überzogen. Dort wird hart gearbeitet, um möglichst makellose Bananen zu ernten.
Gerado hat bei der Kooperative Mitsprachemöglichkeiten und langfristige Verträge.	Dreiviertel des Weltmarktes werden von fünf internationaleren Konzernen kontrolliert.

4.1 Lebendige Karte

Perspektivenwechsel ermöglichen; Karten lesen und auswerten

Ausgangsgeschichte / Aussagen auf Folie, Karten

Durchführung:

Ausgangspunkt ist eine Geschichte bzw. eine Reihe von Aussagen, zu denen die Schüler einen Raumbezug herstellen sollen. D. h., die Schüler sollen in Einzel- oder Partnerarbeit in der Karte die Orte finden, die den gestellten Anforderungen am ehesten entsprechen. Dabei sollen sie ihre Auswahl begründen. Die Ergebnisse werden anschließend vorgestellt und im Plenum besprochen.

Konkretes Unterrichtsbeispiel:

Familie Humboldt plant einen Tagesausflug ins Allgäu. Die einzelnen Familienmitglieder haben unterschiedliche Wünsche, was sie an diesem Tag erleben möchten. Suche in der Karte für jedes Familienmitglied den Ort, an dem es deiner Meinung nach die besten Voraussetzungen gibt, diese zu erfüllen. Begründe deine Auswahl.

s. Folgeseite

Tipps:

- Die Aufgabe lässt sich auch in mehrere Schritten unterteilen, indem die Schüler unter der gegebenen Aufgabenstellung zunächst ein Land / eine Region, dann eine Stadt und anschließend einen konkreten Ort festlegen.
- Die Methode kann sowohl zum Einstieg eingesetzt werden (Aktivierung von Vorwissen) als auch zur Sicherung und Vertiefung.

Konkretes Unterrichtsbeispiel:

Lebendige Karte zum Thema „Tourismusgeografie"

Tochter
Lisa Humboldt
14 Jahre

- möchte gerne shoppen
- möchte gerne einen kurzen Spaziergang machen

Vater
Mathias Humboldt
44 Jahre

- Ist gerne in der Natur
- Interessiert sich für Eisenbahnen

Sohn
Jonas Humboldt
11 Jahre

- Ist gerne in der Natur und möchte einen abenteuerlichen Tag erleben
- Würde gerne einen Gletscher sehen

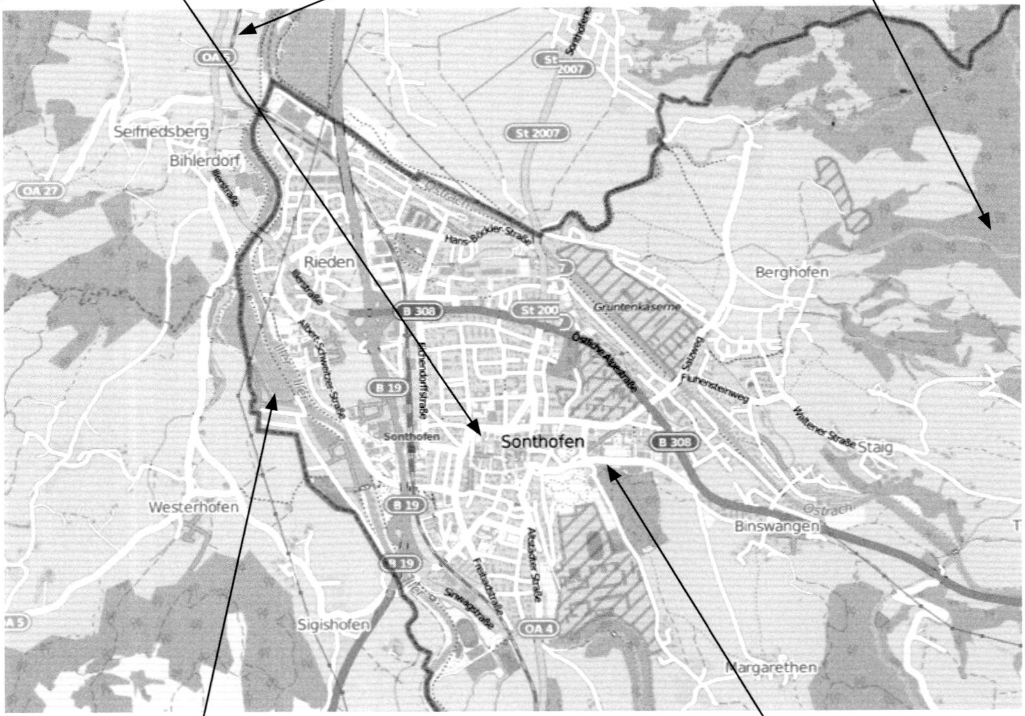

Hund
Waldi

- Braucht viel Auslauf
- Freut sich, wenn er andere Tiere sieht – Wasservögel haben es ihm besonders angetan

Mutter
Brigitte Humboldt
42 Jahre

- Interessiert sich für Geschichte und Kultur
- Hat nichts gegen eine schöne, kurze Wanderung

4.2 Ordne zu!

5 Min.

geografische Arbeitstechniken erlernen

(Wand-)Karte, passende Bilder, Diagramme und Grafiken, evtl. Klebeband bzw. Fotoklebeband

Durchführung:

Die Materialien werden auf einem Tisch ausgelegt. Ein Schüler verortet sie auf der Karte und begründet die Zuordnung. In der Klasse wird die Zuordnung besprochen und – falls nötig – korrigiert. Die Übung wird so lange wiederholt, bis alle Materialien auf der Karte verortet sind.

Konkretes Unterrichtsbeispiel:

Thema „Südamerika“

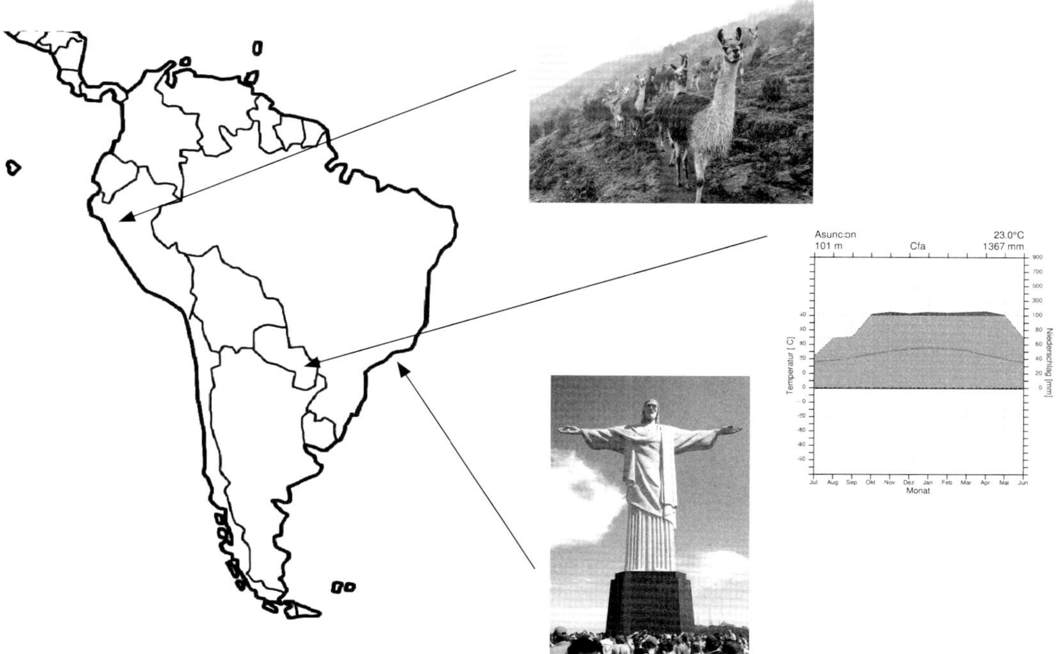

Tipp:

Die Methode eignet sich sowohl zur Wiederholung als auch, um Vorwissen der Schüler abzufragen.

15 Min.

subjektive Raumvorstellungen fördern; Vorwissen und Präkonzepten aktivieren; Karten erstellen

keines

Durchführung:

Jeder Schüler verfügt über eine bestimmte Vorstellung eines Raumes, die er aus eigener Anschauung, Erzählungen, Filmen etc. gewonnen hat. Zu Beginn einer Unterrichtseinheit, die sich mit einem bestimmten Raum beschäftigt, kann es für den Lehrer hilfreich sein, diese Vorstellung zu kennen, um sie sich für den weiteren Unterricht nutzbar zu machen.

Die Schüler werden zu Beginn einer Unterrichtssequenz aufgefordert, aus ihrer Erinnerung eine Karte oder einen Plan eines Raumes auf ein leeres Blatt zu zeichnen. Anschließend werden die Ergebnisse in einem Gallery Walk präsentiert.
Die Mental Maps verbleiben beim Lehrer. Zum Abschluss der Einheit können die Schüler erneut eine Karte zeichnen und sie mit ihrer ersten Darstellung vergleichen.

Konkretes Unterrichtsbeispiel:

Mental Map zum Thema „Mein Schulweg“

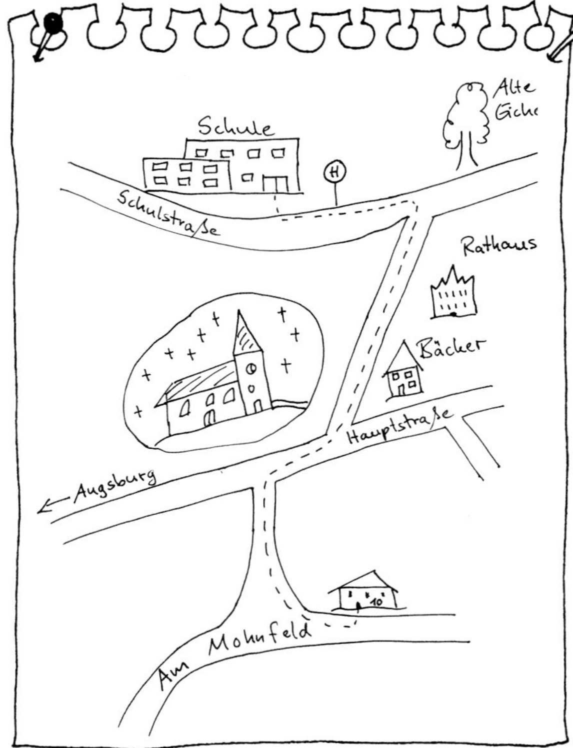

4.4 Windrose

topografische Kenntnisse erweitern; räumliche Orientierung fördern

Wandkarte oder Karte auf Folie, ggf. Klebepunkt / Windrose

Durchführung:

Der Lehrer bestimmt einen Ort auf der Wandkarte als Ausgangs- bzw. Bezugspunkt. Er nennt daraufhin drei bis fünf topografische Elemente (Orte, Flüsse o. Ä.). Die Schüler sollen diese nun bezogen auf den Ausgangspunkt verorten. Sie geben dabei die Himmelrichtung vom Bezugspunkt aus an und verwenden dabei die Abkürzungen NW, N, NO, O, SO, S, SW, W.

Konkretes Unterrichtsbeispiel:

Windrose zum Thema „Städte in Deutschland"

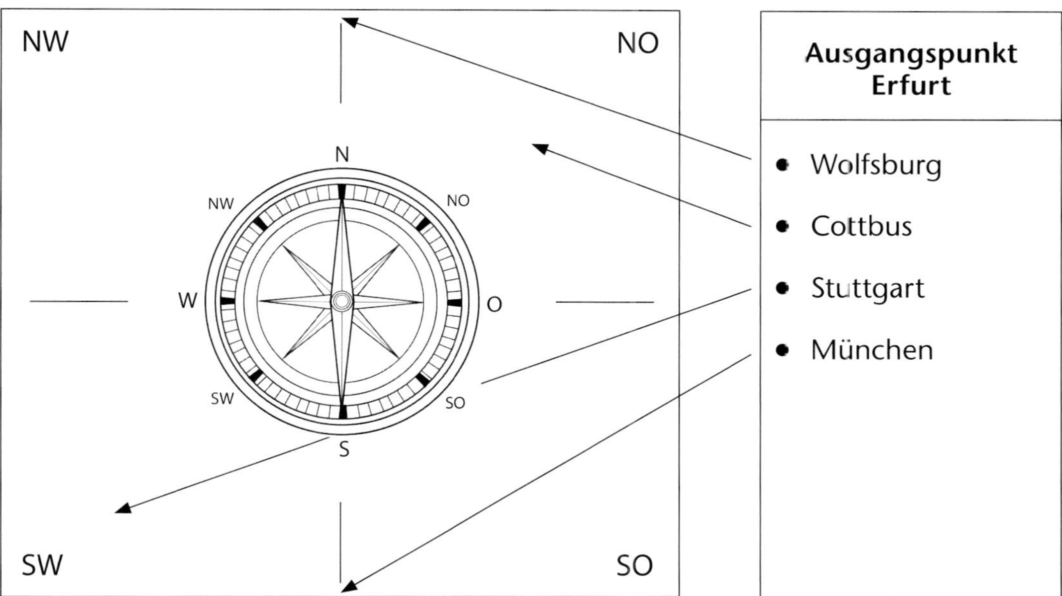

Tipps:

- Die Methode kann sowohl als Einstieg als auch zur Wiederholung und Vertiefung am Ende einer Stunde / Einheit durchgeführt werden.
- Bei dieser Methode kann es motivierend sein, wenn Schüler oder Schülergruppen in einem Wettbewerb gegeneinander antreten.

Karten lesen und zeichnen; Kooperationsfähigkeit fördern; soziale und kommunikative Kompetenzen fördern

Atlas bzw. Karten, weiße DIN-A3-Blätter, Buntstifte, Stoppuhr

Durchführung:

Die Klasse wird in Gruppen mit vier bis fünf Schülern eingeteilt. An zwei gegenüberliegenden Seiten des Klassenzimmers wird für jede Gruppe jeweils ein Tisch aufgestellt. Auf einem Tisch liegt eine Originalkarte, auf dem anderen weiße DIN-A3-Blätter und Buntstifte. Die Gruppen haben die Aufgabe, die Karte so nachzuzeichnen, dass sie möglichst viele zentrale Elemente des Originals enthält.

Alle Gruppen stehen zu Beginn am Tisch mit den leeren Blättern. Auf ein Signal hin geht jeweils ein Schüler zur Originalkarte. Er hat nun 20 Sekunden Zeit, sich die Karte einzuprägen. Nach Ablauf der Zeit geht er zurück zum ersten Tisch und zeichnet so viele Details, wie er sich merken konnte. Nach 1 Minute kommt der jeweils zweite Schüler der Gruppe dran und hat wiederum 20 Sekunden Zeit, sich die Karte einzuprägen. Nach einer vorher festgelegen Zahl an Durchgängen – jeder Schüler sollte mindestens zweimal drangekommen sein – werden die Ergebnisse der Gruppen verglichen und es wird festgestellt, welche Gruppe das Original am besten übertragen konnte.

Konkretes Unterrichtsbeispiel:

Zeichne die Umrisse von Europa aus dem Kopf nach.

Tipp:

Grundsätzlich eignen sich alle Karten. Wird die Methode jedoch zum ersten Mal eingesetzt, sollten keine thematischen Karten verwendet werden.

Karten lesen und zeichnen; Kreativität fördern; Kooperationsfähigkeit fördern

Arbeitsblatt mit einer Karte, bei der ein bestimmter Bildausschnitt fehlt, Klebeband, Originalkarte

Durchführung:

Die Schüler erhalten ein Arbeitsblatt und sollen in Gruppenarbeit den leeren Bildausschnitt mit einer Skizze füllen. Anschließend werden die Ergebnisse kurz vorgestellt. Die Schüler beschreiben dabei auch ihr Vorgehen in der Gruppe und reflektieren den Arbeitsprozess.

Im Plenum wird nun diskutiert, welche Lösung wahrscheinlich ist. Zum Abschluss vergleichen die Gruppen ihre Karte mit der Originalkarte.

Konkretes Unterrichtsbeispiel:

Stadtplan von Regensburg

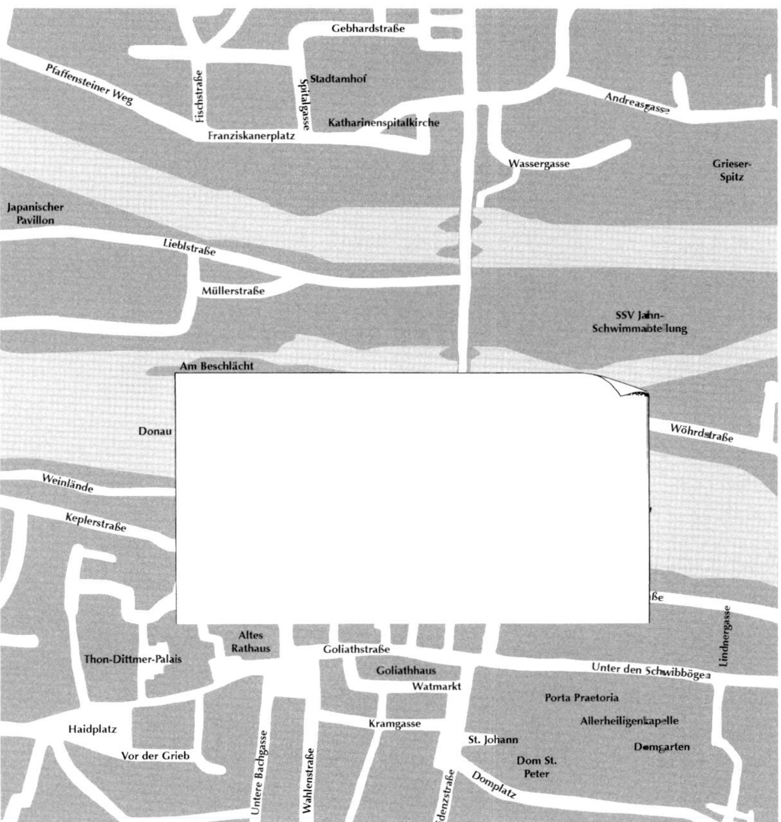

Kreativität fördern; soziale und personale Kompetenzen fördern

Plakate, verschiedene Materialien (Diagramme, Bilder, Broschüren, Karten etc.), verschiedenfarbige Stifte, Kleber

Durchführung:

Die Schüler haben in Gruppen ein Thema in einer inhaltsgleichen Gruppenarbeit erarbeitet. Zur Präsentation sollen sie nun eine Collage erstellen, die als Lernplakat im Klassenraum aufgehängt wird. Die Gestaltung bleibt den Gruppen überlassen. Sie verwenden dabei Materialien, die sie mitgebracht haben und / oder die der Lehrer bereitgestellt hat.

Nach 8–10 Minuten – die Schüler sollten mindestens ein Drittel der Collage fertiggestellt haben – wechseln die Gruppen im Uhrzeigersinn einen Tisch weiter und setzen die Arbeit an der Collage ihrer Mitschüler fort. Sie sollen dabei die Idee und den Stil aufgreifen. Nach 8 Minuten wird erneut gewechselt. Die Gruppen stellen nun jeweils die Collage fertig. Anschließend werden die Ergebnisse im Klassenraum aufgehängt und in einem Gallery Walk gemeinsam betrachtet.

Im Plenum erfolgt nun eine kurze Feedbackrunde:

- Über die Collagen:
  - Welche Collage gefällt euch am besten?
  - Was kann man an dieser Collage noch verbessern?
- Über die Methode:
  - Wie schwer fiel euch die Arbeit an einer fremden Collage?
  - Wie zufrieden seid ihr mit der Zusammenarbeit in den Gruppen?

Konkrete Unterrichtsbeispiele:

Für diese Art der Ergebnissicherung eignen sich Themen, die sich gut beschreiben und darstellen lassen. Inhalte, bei denen komplexere Zusammenhänge dargestellt werden oder eine Bewertung gefordert wird, eignen sich weniger.

- Raumbeispiele: Norddeutschland, die Alpen, Südeuropa, China etc.
- Lineare Prozesse: der Fön, Verkarstung, Talbildung in den gemäßigten Breiten etc.
- Ausgewählte Themenbereiche: Vulkantypen, konventionelle vs. ökologische Landwirtschaft, regenerative Energiequellen etc.

kognitive und personale Kompetenzen fördern; Kreativität fördern; Kooperation und Selbstorganisation fördern

Computer, ggf. DIN A3-Blatt und Materialien

Durchführung:

Die Schüler haben ein Thema bearbeitet und sollen nun zur Präsentation der Ergebnisse die Doppelseite eines Schulbuches gestalten. Dazu arbeiten sie in Gruppen mit maximal vier Schülern zusammen. Als Anregung und Ideenlieferant kann das eingeführte Schulbuch verwendet werden. Sinnvollerweise enthält die Doppelseite folgende Elemente:

- eine aussagekräftige Überschrift
- einen Text, der die Ergebnisse der Erarbeitungsphase enthält: Sinnvoll ist es, einen Mindestumfang festzulegen.
- eine vorher festgelegte Anzahl an Diagrammen, Schaubildern, Tabellen, Bildern etc.
- Arbeitsaufträge, die die drei Anforderungsbereiche **Reproduktion, Reorganisation** und **Transfer** umfassen.

Zusätzlich erstellen die Gruppen jeweils eine Musterlösung für ihre Aufgaben, die jedoch nicht Teil der Doppelseite ist.

Konkretes Unterrichtsbeispiel:

Vorlage einer Schulbuch-Doppelseite

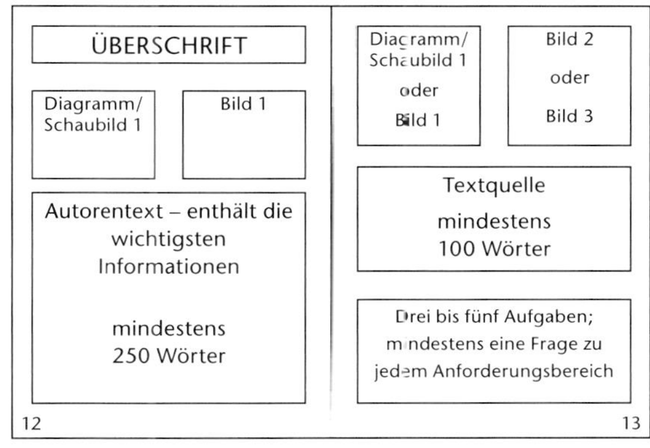

Tipp:

Idealerweise erstellen die Schüler die Schulbuchseiten am Computer mit einer vom Lehrer zur Verfügung gestellten Vorlage. Alternativ kann die Seite auch auf einem DIN-A3-Blatt erstellt werden. In diesem Fall müssen die Materialien (Bilder, Diagramme etc.) zur Verfügung gestellt werden.

45 Min.

Kreativität fördern; personale und soziale Kompetenzen fördern

Spielbrett (Karte auf Pappe geklebt), Spielfiguren, Würfel, Karteikarten (Format DIN-A7)

Durchführung:

Die Klasse wird in Gruppen mit vier bis sechs Schülern eingeteilt. Jede Gruppe erhält ein Spielbrett und 30 bis 40 Karteikarten. Die Schüler sollen nun auf jede Karteikarte eine Frage schreiben, die sich mit den behandelten Inhalten beschäftigt. Die Antworten schreiben sie jeweils auf die Rückseite der Karten. Nach 25–30 Minuten sollte jede Gruppe mindestens 30 Fragen mit den dazugehörenden Antworten fertiggestellt haben. Anschließend gibt jede Gruppe ihre Karteikarten an eine andere Gruppe weiter.

Jeder Schüler erhält nun eine Spielfigur. Es wird reihum gewürfelt. Wer an der Reihe ist, bekommt von seinem Sitznachbarn eine Frage vorgelesen. Beantwortet er diese richtig, würfelt er erneut. Kann er die Frage nicht beantworten, ist der nächste Schüler an der Reihe. Wer als Erster die Ziellinie überschreitet, hat gewonnen.

Konkretes Unterrichtsbeispiel:

s. Folgeseite

Tipps:

- Diese Methode eignet sich besonders zur Präsentation eines Themas mit einem länderkundlichen Schwerpunkt.
- Um das Spiel spannender zu gestalten, können Ereigniskarten eingefügt werden, z. B. einmal aussetzen, nochmals würfeln, zwei Schritte zurück etc.
- Die Fragen lassen sich auch mit den Schülern gemeinsam erarbeiten. So wächst der Fragenkatalog mit jedem Schuljahr.

Konkretes Unterrichtsbeispiel:

Spiel zum Thema „USA"

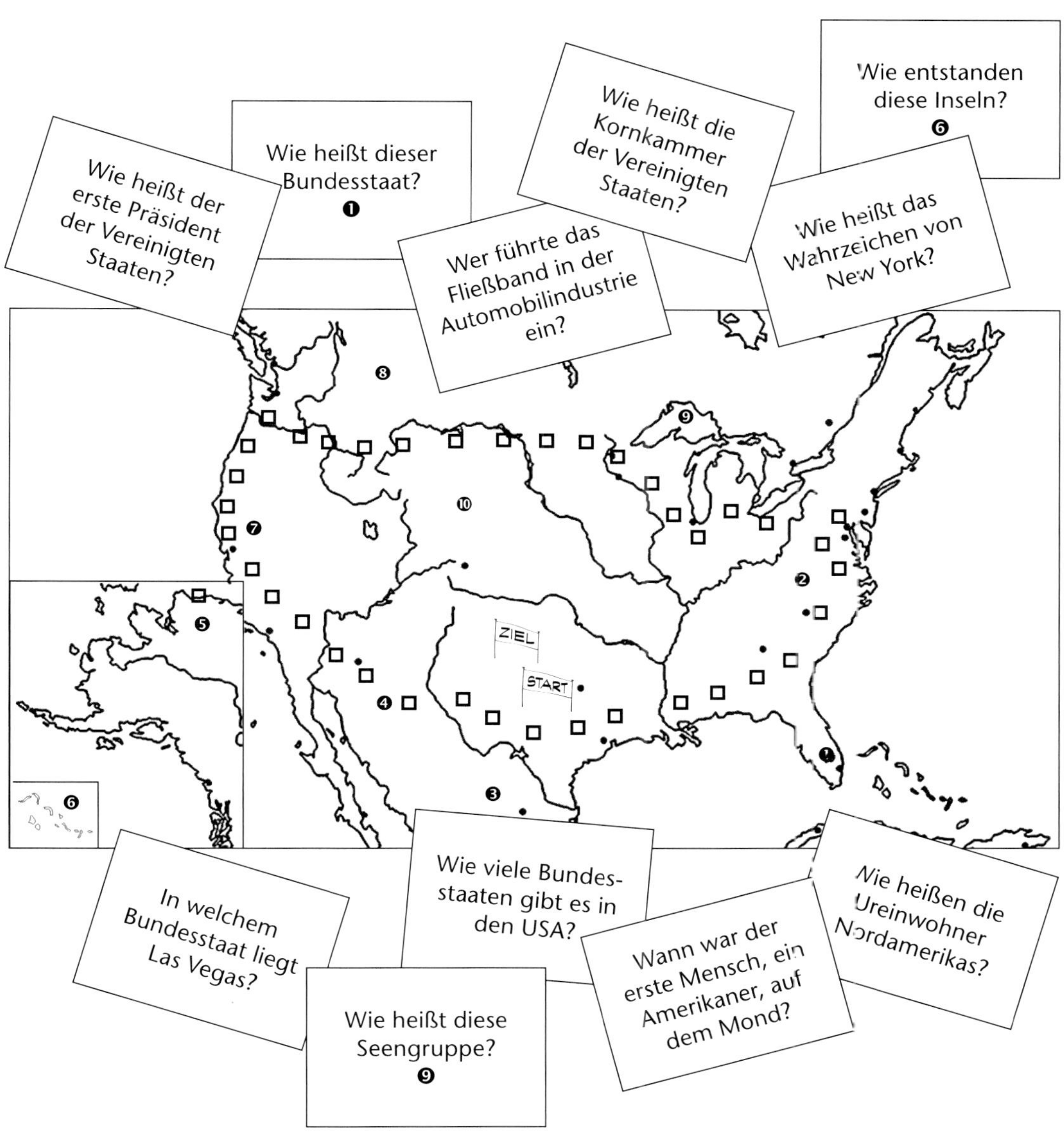

soziale und kommunikative Kompetenzen fördern; Kreativität fördern; Medienkompetenz fördern

Recherchemöglichkeit im Internet, Aufnahmegerät (Kamera, Visualizer/ Dokumentenkamera), Schere, verschiedenfarbige Stifte

Durchführung:

Als motivierende Alternative zu einer PowerPoint-Präsentation können die Schüler, nachdem sie ein Thema erarbeitet haben, ihre Ergebnisse als Erklär-Video vorstellen. Es handelt sich dabei um kleine informative Filme, die in der Lege-Trick-Technik erstellt und aufgenommen werden.

Die Schüler erstellen das Drehbuch für einen Film, der 20–60 Sekunden lang sein soll. Anschließend schneiden sie die notwendigen Filmelemente aus und drehen den Film. Die Ergebnisse werden im Plenum besprochen.

Konkretes Unterrichtsbeispiel:

Erklär-Video zum Thema „Nachhaltigkeit“

Trockene Luft gelangt an die Luvseite der Alpen und muss aufsteigen. Dabei kühlt sie zunächst trockenadiabatisch um 1° Celsius pro 100 m ab.

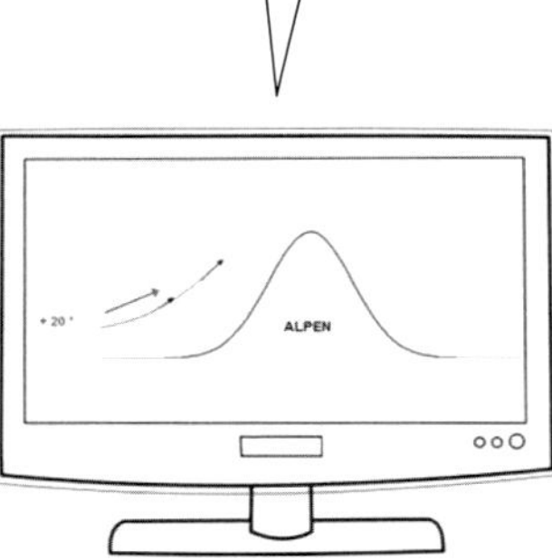

Wird der Taupunkt erreicht, kondensiert der Wasserdampf. Wolken entstehen. Es kommt zu Steigungsregen. Die weiter aufsteigende Luft kühlt nun feuchtadiabatisch, d.h. um 0,5° Celsius pro 100 m, ab.

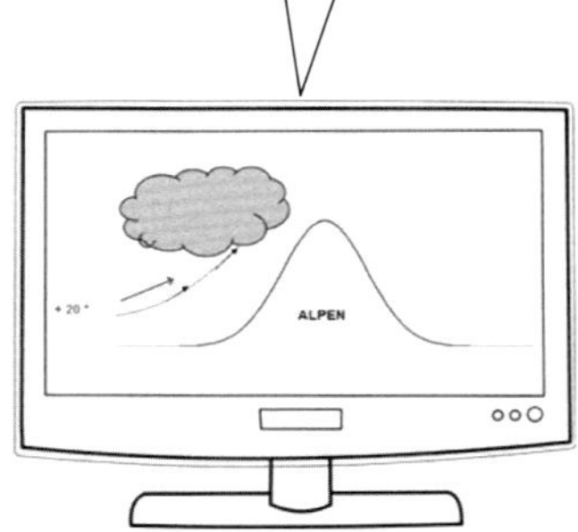

Auf der Leeseite sinkt die Luft hangabwärts. Sie erwärmt sich sofort trockenadiabatisch, also um 1° Celsius pro 100 m. Der entstehende Fallwind ist wärmer als die Luft auf der Luvseite der Alpen.

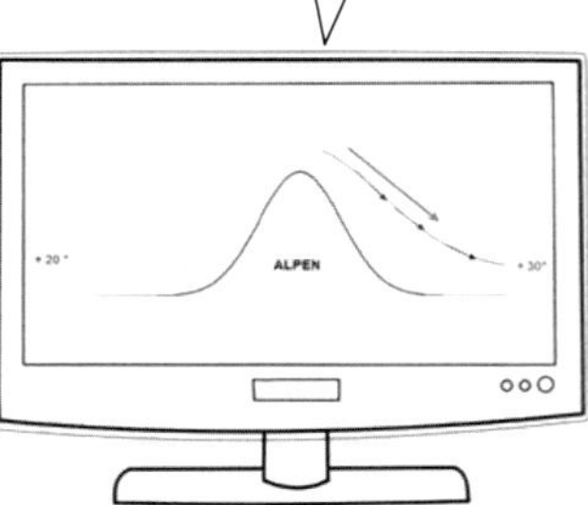

Tipps:

- Beispiele finden sich unter: www.simpleshow.com, www.you-know.de oder www.explainity.com
- Die beste Darstellung (Inhalt, Tricktechnik, Kreativität etc.) kann prämiert werden.

5.5 Kugellager

20 Min.

soziale und kommunikative Kompetenzen fördern; hohe Schülerbeteiligung gewährleisten; Eigenverantwortung fördern

schriftliche Arbeitsergebnisse der Schüler

Durchführung:

Nachdem die Schüler ein Thema in Einzelarbeit bearbeitet haben, wird die Klasse in zwei gleich große Gruppen aufgeteilt. Die beiden Gruppen bilden einen Innen- und einen Außenkreis. Idealerweise können die Tische und Stühle so umgestellt werden, dass sich die Schüler im Kreis gegenübersitzen. Die Schüler des Außenkreises beginnen und jeder Schüler präsentiert seinem Gegenüber einen Aspekt des Ergebnisses. Nach einer vorher festgelegten Zeit wird gewechselt. Nun präsentieren die innen sitzender Schüler einen Aspekt des Themas. Anschließend wechseln die Partner, indem die Schüler des Außenkreises jeweils einen Platz nach rechts weiterrücken. Erneut stellen sich die Paare ihre Ergebnisse vor. Es wird so oft gewechselt, bis alle Aspekte des Themas besprochen wurden – je nach Art und Umfang der Aufgabenstellung sind drei bis sechs Durchgänge notwendig.

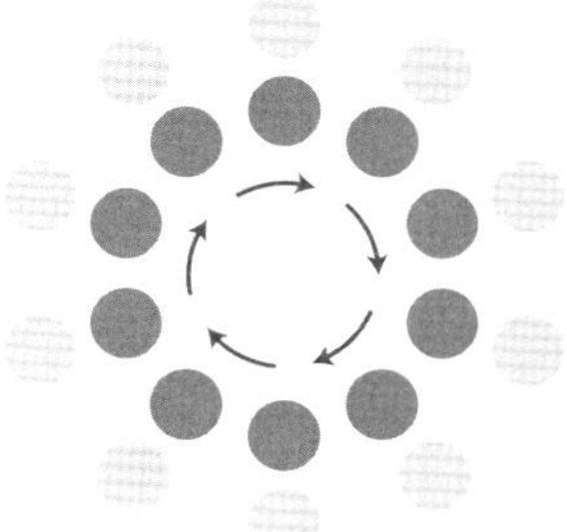

Konkretes Unterrichtsbeispiel:

Savannen: Die Schüler haben sich ausführlich mit dem Thema Savannen beschäftigt. Sie haben sich mithilfe von Materialien und Arbeitsaufträgen die Aspekte Klima, Vegetation, landwirtschaftliche Nutzung und Bedrohung des Naturraumes erarbeitet. In der ersten Runde erläutert ein Schüler seinem Partner einen Aspekt. Dieser kann ggf. ergänzen und korrigieren und stellt dann seine Ergebnisse vor. Nach der vorher festgelegt Anzahl an Wechseln sollte in der Klasse ein einheitlicher Lernstand erreicht sein.

Tipp:

Alternativ kann das Kugellager auch als Einstieg in ein neues Thema zur Aktivierung von Vorwissen oder zur Ideenfindung zum Einsatz kommen. Hierbei reichen in der Regel drei Wechsel aus.

kommunikative und soziale Fähigkeiten fördern; Perspektivenwechsel ermöglichen; problemlösendes Denken fördern

Arbeitsergebnisse der Schüler

Durchführung:

Nachdem die Schüler ein Thema in Gruppen bearbeitet haben, erfolgt die Präsentation bzw. Diskussion in einem Sitzkreis. Im inneren Kreis sitzen jeweils ein Vertreter jeder Gruppe und ein Moderator – das kann der Lehrer oder ein Schüler sein, der sich diese Aufgabe zutraut. Die übrigen Schüler sitzen im Außenkreis und halten die Ergebnisse der Diskussion in geeigneter Weise, z. B. als Ergebnisprotokoll oder als Zeitungsartikel, fest. Im Innenkreis steht ein zusätzlicher freier Stuhl. Auf diesen kann sich jeder Schüler des Außenkreises setzten, der an der Debatte teilnehmen möchte. Nach einer vorher festgelegten maximalen Verweildauer oder wenn ein weiterer Schüler aus dem Außenkreis etwas beitragen möchte, geht er wieder an seinen Platz zurück.

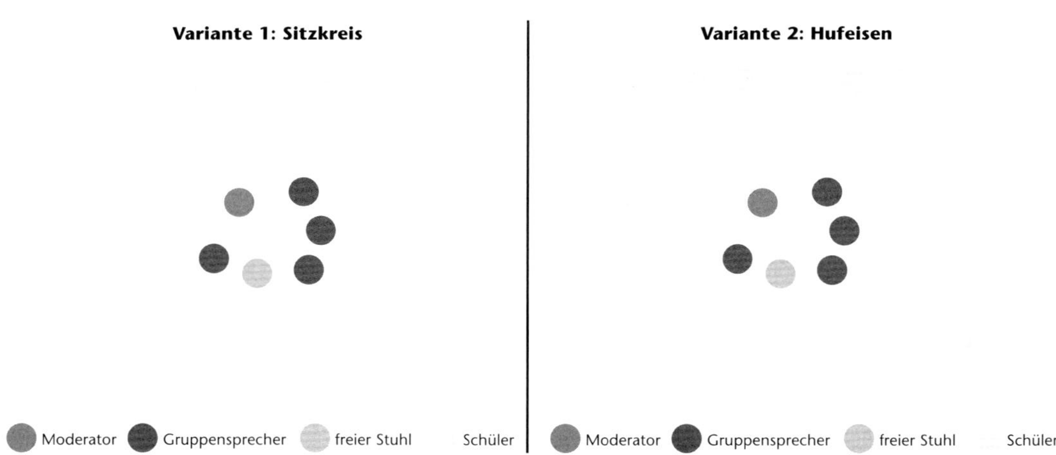

Konkretes Unterrichtsbeispiel:

Weltweite Disparitäten: Die Schüler haben sich in Gruppen im Zusammenhang mit dem Thema „weltweite Disparitäten" ausführlich mit Strategien einer ausgleichsorientierten Entwicklung beschäftigt. Dabei haben sie sich die folgenden Aspekte erarbeitet: nachholende Entwicklung durch wirtschaftliches Wachstum, Abkopplung vom Weltmarkt, Grundbedürfnisstrategie, nachhaltige Entwicklung (sustainable development). In der Diskussionsrunde stellen sie nun ihre Entwicklungsstrategie vor und versuchen in der anschließenden Debatte, für ihre Strategie zu werben und die anderen von ihrer Position zu überzeugen.

Perspektivenwechsel ermöglichen; problemlösendes Denken fördern; überzeugendes Argumentieren fördern

Materialien zur Bearbeitung des Themas

Durchführung:

Der Lehrer präsentiert die Problemstellung. Die Schüler äußern hierzu ihre Meinung, indem sie zu einer bestimmten Aussage positiv oder negativ Stellung beziehen, z. B. mit dem Ampelspiel (vgl. 6.3). Die Schüler sollen sich nun mithilfe der zur Verfügung gestellten Materialien auf eine Pro- und Contra-Debatte vorbereiten. Allerdings sollen sie dabei nicht die Position vertreten, die ihrer persönlichen Meinung entspricht, sondern die Gegenposition. Dadurch müssen die Schüler eine andere Perspektive einnehmen, was zur Stärkung ihrer Urteils- und Handlungskompetenz führen soll.

Für die Diskussion kommen von jeder Seite zwei Schüler nach vorne und vertreten ihre Position. Ein Schüler übernimmt dabei die Rolle des Moderators und sorgt dafür, dass die Gesprächsregeln eingehalten werde. Am Ende der Debatte erfolgt eine Feedbackrunde. Die Zuhörer geben Rückmeldung, wen sie mit welchen Argumenten am überzeugendsten fanden. Die Diskutanten sollen sich äußern, wie sie sich dabei gefühlt haben, eine andere Position als die eigene vertreten zu müssen.

Konkrete Unterrichtsbeispiele:

- Soll die Atomenergie als Brückentechnologie weiter betrieben werden, bis die regenerativen Energieträger Versorgungssicherheit bieten?
- Sind genmanipulierte Lebensmittel die Lösung für die globalen Ernährungsprobleme?
- Soll in den Ländern der dritten Welt der Staat stärker in die Familienplanung eingreifen, um die starke Bevölkerungszunahme zu begrenzen?
- Die Massentierhaltung ist ethisch höchst fragwürdig, aber zur Ernährung der Weltbevölkerung gibt es keine realistische Alternative.

5.8 Argumentationskarussell

30 Min.

problemlösendes Denken fördern; Perspektivenwechsel ermöglichen; aktives Zuhören fördern; eine Auseinandersetzung mit anderen Positionen ermöglichen

Material zur Bearbeitung des Themas

Die Methode eignet sich für echte Pro- und Contra-Themen, d. h. für Fragestellungen, die eine Ja- / Nein-Antwort zulassen. Die Klasse wird in zwei Gruppen eingeteilt, wobei die eine Seite sich mit den Pro-Argumenten, die andere mit den Contra-Argumenten beschäftigen soll. Hier bietet sich eine Partnerarbeit an. Nach der Bearbeitungszeit werden aus jeder Gruppe drei Schüler ausgewählt, die ihre Position vertreten. Sie setzen sich mit ihren Stühlen gegenüber. Der Schüler, der beginnen darf, wird ausgelost. Er nennt eines seiner Argumente. Der ihm gegenübersitzende Schüler wiederholt das Argument in eigenen Worten und versucht, es mit einem seiner Argumente zu widerlegen. Das Argument muss sich direkt auf das des Mitschülers beziehen. Anschließend nennt er ein neues Argument, das nun der zweite Schüler der Gegenseite wiederholen und entkräften muss. Die übrigen Schüler folgen der Debatte und halten den Verlauf und die Ergebnisse in geeigneter Weise fest. In einer abschließenden Feedback-Runde wird über die Art und den Inhalt des Austausches gesprochen. Wer konnte überzeugen? Welche Argumente waren stichhaltig, welche eher nicht?

Konkretes Unterrichtsbeispiel:

Argumente und Gegenargumente zum Thema „Tourismus in den Alpen"

Tourismus in den Alpen zerstört diesen sensiblen Naturraum.	→	Durch den Besuch nehmen die Menschen erst die Schönheit und Bedeutung der Alpen wahr und setzen sich für den Schutz ein.
		↓
Die Ferienorte verlieren ihre Identität, es droht eine „Disneysierung".	←	Tourismus bringt Kapital in periphere Räume und ermöglicht so Entwicklung.
↓		
Der Bau von Hotels, Bergbahnen, Skilifte etc. führt zu einer größeren Gefahr von Lawinen und Steinschlägen.	→	Moderne Technologie, Sicherungsmaßnahmen und geologische Erkundungsmethoden reduzieren die Gefahr auf ein Minimum.
		↓
Massentourismus ist verbunden mit Individualverkehr, Luftverschmutzung, Müll etc.	←	Regionale Produkte in den Ferienorten lassen sich durch Massentourismus besser vermarkten.

Perspektivenwechsel ermöglichen; Empathie fördern; soziale Kompetenzen fördern

Material zur Erstellung der Rollenkarten

Durchführung:

Bei einem Rollenspiel versetzen sich die Schüler in eine andere Person und gestalten eine vorgegebene Situation. In der Regel handelt es sich dabei um eine gesellschaftlich relevante geografische Problemstellung.

Die Klasse wird in so viele Gruppen eingeteilt, wie es Rollen zu besetzen gilt. Die Gruppen bereiten sich auf das Rollenspiel vor, indem sie mithilfe des bereitgestellten Materials ihre Rollenkarten erstellen. Diese enthalten die Position der jeweiligen Rolle und Argumente, mit denen die Schüler ihre Position durchsetzen wollen. Zur Vorbereitung auf das Rollenspiel überlegen die Gruppen zudem, welche Argumente die anderen Gruppen anführen könnten, und formulieren Gegenargumente.

Nach der Vorarbeit kommen nun von jeder Gruppe ein bis zwei Schüler, die an der Diskussion teilnehmen, nach vorne. Ggf. übernimmt ein Schüler die Moderation. Die Schüler diskutieren eine vorher festgelegte Zeit lang über das Thema. Am Ende wird im Plenum darüber gesprochen, welcher Schüler seine Position am überzeugendsten vertreten hat. Abschließend sollten die Schüler die Gelegenheit bekommen, ihre persönliche Meinung zum Thema zu äußern.

Konkretes Unterrichtsbeispiel:

Rollenspiel zum Thema „Bau eines Windrades“

Anwohner

Wir lehnen das Windrad ab, weil es die Landschaft verschandelt. Der Schattenwurf der Rotoren stört ebenso wie das brummende Geräusch. Außerdem befürchten wir, dass dadurch die Grundstückspreise sinken.

Umweltschützer

Die Windkraft ist eine regenerative Energiequelle. Da der Wind genutzt wird, kann kostengünstig und ohne Treibhausgase Strom erzeugt werden. Windräder benötigen wenig Platz und die Technologie ist nicht so komplex wie die von konventionellen Kraftwerken.

Windkraft-Kritiker

Windkraft ist an vielen Standorten nicht effektiv. Und dort, wo es sich lohnt, beispielsweise an den Küsten im Norden, müssen teure Stromtrassen zu den Verbrauchern im Süden erstellt werden. Zudem weht der Wind nicht regelmäßig.

Bürgermeister des Windkraftstandorts

Ich befürworte den Bau des Windrades. Zum einen unterstützt die Gemeinde umweltfreundliche Technologien, wir wollen uns als Öko-Dorf profilieren. Zum anderen profitieren wir natürlich als Gemeinde durch mehr Gewerbesteuer und möglicherweise entstehen sogar neue Arbeitsplätze.

5 Min.

individuelles Feedback geben; kommunikative Fähigkeiten fördern

ggf. einen Gegenstand, z. B. Tennisball, Wollknäuel etc.

Durchführung:

Der Lehrer stellt eine möglichst offene Frage an die Klasse zur vorangegangenen Stunde / Einheit bzw. den behandelten Inhalten. Die Schüler äußern sich nun nacheinander mit einem kurzen Satz. Dabei sollten folgende Regeln beachtet werden:

- Die Sätze werden in der „Ich-Form" geäußert.
- Jeder Schüler soll sich äußern.
- Schüleräußerungen werden nicht diskutiert und kommentiert.
- Verweise auf andere Schüleräußerungen (z. B.: Ich schließe mich meinem Vorredner an.) sollten vermieden werden.

Wenn die Äußerungen nicht der Sitzordnung folgen sollen, kann ein Gegenstand helfen. Der Lehrer gibt diesen dem ersten Schüler, der sich zur Fragestellung äußert. Anschließend gibt oder wirft er ihn zum nächsten Schüler, der nun an der Reihe ist etc.

Konkretes Unterrichtsbeispiel:

Blitzlicht zum Lern-Parcours (vgl. 3.6); Thema Polargebiete

- Die an die extremen Lebensbedingungen sehr gut angepasste Lebensweise der Inuit ist mir besonders in Erinnerung geblieben.
- Besonders hat mir die Auswertung der Klimadiagramme gefallen.
- Die Methode „Lern-Parcours" fand ich gut und hilfreich.
- Zum besseren Verständnis von Polartagen und Polarnächten wäre ein Film oder etwas Vergleichbares hilfreich gewesen.

individuelles Feedback geben; Reflexionsvermögen fördern; Ausdrucksfähigkeit fördern

Statement-Würfel

Durchführung:

Ein Schüler würfelt mit dem Statement-Würfel. Er vervollständigt den Satz, den er gewürfelt hat. Anschließend gibt er ihn an einen Mitschüler weiter, der ebenso verfährt. Die Schüleräußerungen werden nicht kommentiert.

Der Statement-Würfel ist eine Methode, um eine Unterrichtssequenz, eine Methode, ein Projekt etc. zu reflektieren. Anders als z. B. das Blitzlicht (vgl. 6.1) ist sie durch die Vorgaben auf dem Würfel stärker strukturiert und hält die Schüler an, sich zu einem bestimmten Aspekt zu äußern. Dies soll verhindern, dass immer dieselben Punkte genannt werden und man sich auf die Äußerungen der Mitschüler beruft, z. B.: Ich schließe mich meinem Vorredner an. Zudem hat der Lehrer die Möglichkeit, die Gesichtspunkte abzufragen, die ihm am wichtigsten erscheinen.

Konkretes Unterrichtsbeispiel:

Statement-Würfel zur Nachbereitung einer Unterrichtseinheit mit einer Gruppenarbeitsphase

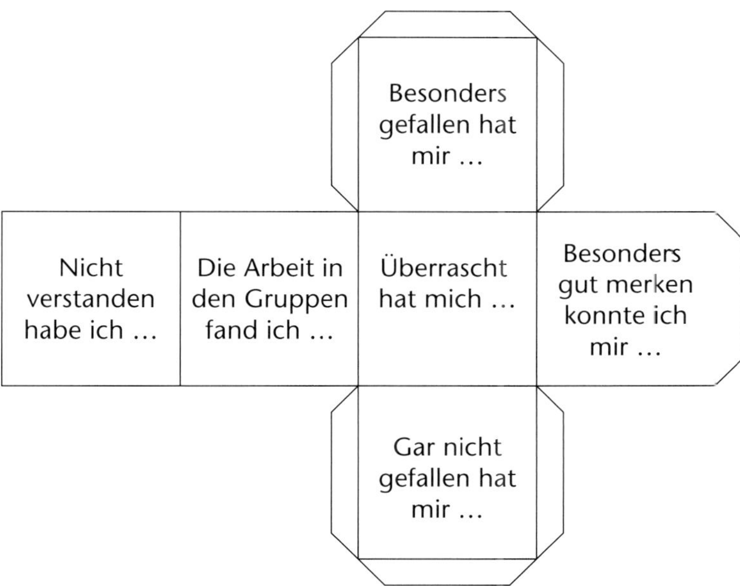

individuelle Rückmeldung geben; freie Meinungsäußerungen ermöglichen; hohe Schüleraktivierung erreichen

pro Schüler je 1 grüne, 1 gelbe und 1 rote Karteikarte

Durchführung:

Jeder Schüler erhält eine rote, eine gelbe und eine grüne Karte:

Rote Karte = Ablehnung, keine Zustimmung

Gelbe Karte = teils / teils, Enthaltung, keine Meinung

Grüne Karte = Zustimmung

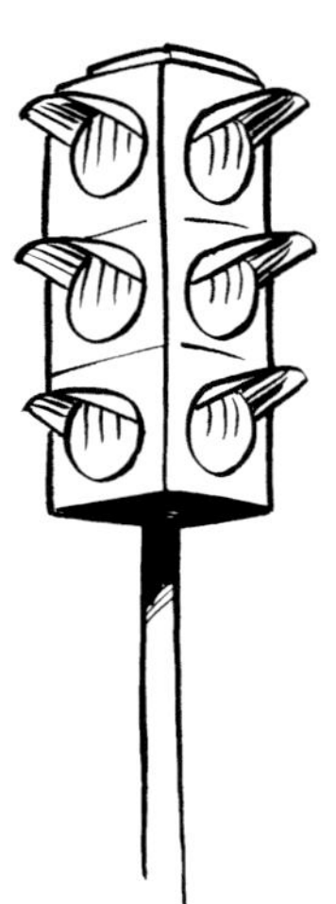

Der Lehrer formuliert nun Aussagen, die sich auf die vorangegangene Unterrichtsstunde oder Unterrichtseinheit beziehen. Dabei können die Schüler sowohl über Inhalte als auch über Bewertungen und Meinungen befragt werden. Auch eine Rückmeldung über Methoden ist möglich.

Der Lehrer liest jeweils eine Aussage vor, zu der die Schüler durch Hochheben der jeweiligen Karte Stellung nehmen. Während der Kartenabfrage wird nicht gesprochen. Abschließend kann im Plenum über eventuelle Auffälligkeiten gesprochen werden.

Konkretes Unterrichtsbeispiel:

Mögliche Fragen zum Ende einer Stunde mit dem Thema „Bevölkerungspolitik in China":

- Ich weiß, wie viele Einwohner China hat.
- Ich kann die Ein-Kind-Politik in China erklären.
- Ich halte die Ein-Kind-Politik für eine geeignete Maßnahme, um das Bevölkerungswachstum in China zu begrenzen.
- Der Film über die Ein-Kind-Politik in China war zum Verständnis hilfreich.
- Der Text, den wir gelesen haben, war für mich nicht verständlich.
- Statt in der Gruppe hätte ich lieber alleine gearbeitet.

6.4 Zielscheibe

5 Min.

individuelle Rückmeldung geben; Schüleraktivierung erreichen

vorbereitete Zielscheibe (DIN-A3-Format), Klebepunkte

Durchführung:

Die Zielscheibe ist eine Möglichkeit, von den Schülern eine differenzierte Rückmeldung zu einzelnen methodischen und inhaltlichen Aspekten des Unterrichts zu erhalten. Dazu wird eine mit den entsprechenden Aussagen versehene Zielscheibe im Klassenraum aufgehängt. Die Schüler sollen ihre persönliche Meinung zum Ausdruck bringen, indem sie auf der Zielscheibe zu jeder Frage einen Klebepunkt platzieren. Dabei gilt: Je weiter der Punkt in der Mitte angebracht ist, umso besser ist die Bewertung.

Konkretes Unterrichtsbeispiel:

allgemeine Zielscheibe zur Bewertung einer Gruppenarbeit

Tipps:

- Ist die Klasse zu groß, können auch mehrere Zielscheiben angebracht werden.
- Es kann auch sinnvoll sein, Zielscheiben mit verschiedenen Schwerpunkten aufzuhängen, z. B.: Rückmeldungen zum Inhalt, zur Methode, zur Gruppenarbeit etc.

individuelle Rückmeldung geben

Kompetenzraster zur Selbsteinschätzung für jeden Schüler

Durchführung:

Ein Kompetenzraster ist ein gutes Instrument, um eine detaillierte, individuelle Rückmeldung über den erreichten Lernstand einzuholen. Dem Schüler bietet es eine Orientierung und ein differenziertes Selbstbild. Der Lehrer hat die Möglichkeit, sowohl in Bezug auf den einzelnen Schüler als auch auf die gesamte Lerngruppe zu prüfen, inwieweit die avisierten Lernziele erreicht wurden. Dabei können kognitive, soziale, personale und methodische Kompetenzen abgeprüft werden.

Jeder Schüler erhält ein Kompetenzraster zur Selbsteinschätzung, das er sorgfältig ausfüllt. Anschließend erhält jeder Schüler eine Kopie des Kompetenzrasters, um seinen individuellen Lernfortschritt beobachten und dokumentieren zu können.

Konkretes Unterrichtsbeispiel:

Kompetenzraster zum Thema „Bodengeografie"

Kreuze deinen Wissens- und Kenntnisstand an. Es ist wichtig, dass du die Fragen ehrlich und wahrheitsgetreu beantwortest.	Ja.	Ja, zum Großteil.	Ja, zum Teil.	Nein.
Inhaltliche Kompetenzen				
Ich kann die wichtigsten Böden Norddeutschlands nennen.				
Ich kann die Böden der Tropen und Subtropen charakterisieren.				
Ich kann drei bodenbildende Prozesse erklären.				
Ich kann die Bedeutung des Ausgangsgesteins für die Bodenbildung erläutern.				
Ich kann den Begriff der Kationenaustauschkapazität erklären.				
Methodische Kompetenzen				
Ich kann eine Bodenkarte auswerten.				
Ich kann ein Bodenprofil zeichnen.				
Ich kann eine kommentierte Profilskizze beschreiben.				
Ich kann mithilfe geeigneter Untersuchungsmethoden die Korngröße des Bodens bestimmen.				

kommunikative Kompetenzen fördern

Bilder, Karikaturen, Diagramme etc. auf Folie, Papierschnipsel (z. B. Klebezettel) zum Abdecken, Projektor

Durchführung:

Der Lehrer legt eine Folie mit einem Bild, einem Diagramm o. Ä., das sich auf die Inhalte der letzten Stunden bezieht, auf den Projektor. Es ist zunächst mit Papierschnipseln vollständig bedeckt. Nach und nach werden einzelne Schnipsel entfernt. Die Schüler versuchen, das passende Thema zum Bild so schnell wie möglich zu erraten. Der Schüler, der die richtige Antwort nennt, referiert kurz zum dargestellten Thema bzw. Inhalt.

Konkretes Unterrichtsbeispiel:

Dalli-Klick-Bild zum Thema „Landwirtschaft"

Tipps:

- Motivierend kann es sein, wenn mehrere Schülergruppen in einem kleinen Wettbewerb gegeneinander antreten.
- Die Dalli-Klick-Folien lassen sich auch mit PowerPoint oder einem anderen Präsentationsprogramm erstellen, indem ein Bild z. B. mit Sechsecken verdeckt wird und diese so animiert werden, dass sie nach und nach verschwinden. Alternativ finden sich im Internet eine Reihe von kostenfreien Programmen, um solche Folien zu erstellen.

wiederholen

Handytastatur mit Buchstaben und Zahlen an die Tafel zeichnen

Durchführung:

Der Lehrer wählt einen Begriff der vergangenen Stunden (maximal zehn Buchstaben ohne Umlaute) und tippt ihn, wie bei einer SMS auf die Tastatur an die Tafel. Die Schüler versuchen nun, den gesuchten Begriff zu erraten. Der Schüler, der den Begriff zuerst nennt, darf den nächsten Begriff auswählen und auf der (Tafel-)Tastatur eingeben.

Konkretes Unterrichtsbeispiel:

Wiederholungen zum Thema „Russland"

Nummer	Buchstabenkombination	Lösung
82442	(**T**UV)(**A**BC)(GH**I**)(**G**HI)(**A**BC)	Taiga
886372	(**T**UV)(T**U**V)(M**N**O)(**D**EF)(PQ**R**S)(**A**BC)	Tundra
667592	(**M**NO)(MN**O**)(PQR**S**)(J**K**L)(**W**XYZ)(**A**BC)	Moskwa
8725	(T**U**V)(PQ**R**S)(**A**BC)(JK**L**)	Ural

Tipp:

Alternativ kann die Nummer auch an die Tafel geschrieben werden.

7.3 Tabu® erstellen

15 Min.

mit Fachbegriffen beschäftigen; soziale Kompetenzen fördern

leere (Tabu®-)Karten (DIN-A6-Format), pro Gruppe eine Liste mit 10–15 Begriffen zum Thema

Durchführung:

Bei dieser Methode geht es darum, einen Begriff so zu umschreiben, dass ihn die Mitspieler möglichst schnell erraten. Dabei darf der Erklärende weder den gesuchten Begriff noch eines der angegebenen fünf „Tabu"-Worte verwenden.

Die Schüler spielen in Gruppen mit jeweils vier Schülern gegeneinander Tabu®. Allerdings müssen die Gruppen die Tabu®-Karten zunächst selbst erstellen. Jedes Team erhält vom Lehrer eine Liste mit zehn bis 15 Begriffen, die sich mit den Inhalten der vergangenen Stunden befassen. Die Schüler sollen zu jedem Begriff fünf Tabu-Wörter finden und diese samt dem Ausgangsbegriff auf Tabu®-Karten notieren. Anschließend treten immer zwei Gruppen gegeneinander an. Sieger ist die Gruppe, die innerhalb einer festgelegten Zeit die meisten Begriffe errät.

Konkretes Unterrichtsbeispiel:

Tabu®-Karten zum Thema „Klimageografie"

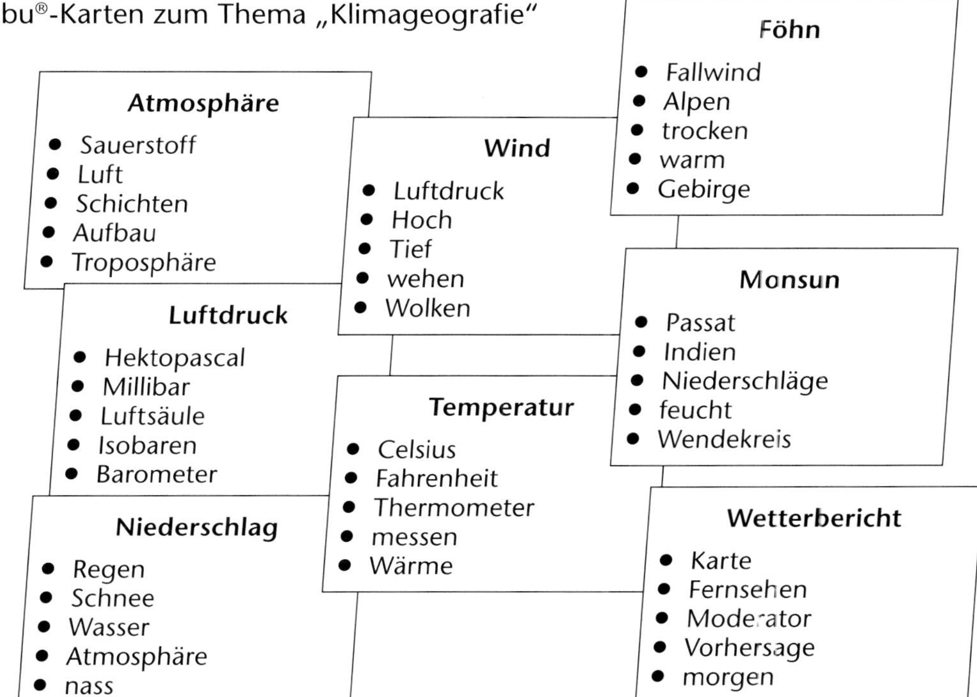

10 Min.

wiederholen; hohe Schüleraktivität ermöglichen

Tafel, vorbereitete Fragen mit drei Antwortmöglichkeiten, ggf. Stoppuhr

Durchführung:

Der Lehrer schreibt die Zahlen 1, 2 und 3 mit ausreichendem Abstand an die Tafel – ideal ist hierfür eine Klapptafel. Vor der Tafel sollte genügend Platz vorhanden sein. Der Lehrer nennt die Frage und die drei Antwortmöglichkeiten. Die Schüler positionieren sich nun innerhalb von 5 Sekunden bei der Zahl, von der sie glauben, es handele sich um die richtige Antwort. Der Lehrer gibt die Lösung bekannt. Die Schüler, die falsch getippt haben, gehen zu ihren Plätzen zurück. Das Spiel wird so lange fortgesetzt, bis entweder ein Schüler als Einziger übrig bleibt oder alle Fragen gestellt wurden.

Konkretes Unterrichtsbeispiel:

Fragen zum Thema „Südeuropa"

Frage	Antwortmöglichkeiten
1. Wie heißt die typische Vegetation in Südeuropa?	a. Mischwald b. Tundra c. Hartlaubvegetation
2. Wann herrscht im Mittelmeerklima das Niederschlagsmaximum?	a. im Sommer b. im Winter c. kein deutliches Maximum
3. Welcher Ort liegt nicht in Portugal?	a. Recife b. Porto c. Lissabon
4. Wie heißt der höchste Vulkan im Mittelmeerraum?	a. Ätna b. Vesuv c. Stromboli
5. Wie bezeichnet man eine dicht bevölkerte Zone, einen bandförmigen europäischen Großraum zwischen Irischer See und Mittelmeer, deren Urbanisierung eine Kette von Agglomerationen bildet?	a. Blaue Banane b. Grüne Metropole c. Weißes Gold

Lösungen: 1c, 2b, 3a, 4a, 5a

wiederholen; Schnelligkeit üben; kognitive Kompetenzen fördern

vorbereitete Fragen mit unterschiedlichem Schwierigkeitsgrad, Tafel bzw. Folie und Projektor, ggf. Stoppuhr

Durchführung:

Zwei Schüler treten gegeneinander an. Der Lehrer nennt das Thema. Die Schüler nennen abwechselnd einen Begriff, der inhaltlich mit dem Thema zu tun hat. Wenn ein Schüler nicht weiter weiß, kann er „Weiter" sagen, sodass der andere Schüler erneut dran ist. Zögert ein Schüler länger als 3 Sekunden, ist ebenfalls der andere Schüler dran. Nach einer vorher festgelegten Zeit bzw. wenn kein Schüler mehr einen Begriff nennen kann, endet das Spiel. Gewonnen hat der Schüler, der die meisten Begriffe nennen konnte. Wiederholte Wörter werden abgezogen. Im Zweifelsfall muss der Schüler begründen, warum ein genanntes Wort zum Thema passt. Die Klasse fungiert hierbei als Jury.

15 Min.

wiederholen; kognitive und soziale Kompetenzen fördern

keines

Durchführung:

Die Klasse wird in Gruppen mit maximal vier Schülern eingeteilt. Jede Gruppe formuliert zehn Fragen, die zu Inhalten der letzten Stunden passen. Dabei sollen sie sich auf Fragen aus den Anforderungsbereichen Reproduktion und ggf. Reorganisation beschränken. Für Bewertungsfragen ist diese Art der Wiederholung nicht geeignet.

Nun beginnt das Kreuzverhör: Jede Gruppe entsendet einen Schüler. Dieser soll möglichst viele Fragen beantworten, die ihm von der anderen Gruppe gestellt werden. Beantwortet er mehr Fragen richtig als falsch, gewinnt er das Duell. Nachdem alle Fragen beantwortet wurden, tauschen die Gruppen ihre Rollen.

Konkretes Unterrichtsbeispiel:

Mögliche Fragen zum Thema „Savannen"

Frage	Lösung
Nenne drei unterschiedliche Savannentypen.	Trockensavanne, Dornstrauchsavanne, Feuchtsavanne
Erkläre den Unterschied zwischen einer Savanne und einer Steppe.	Die Steppe ist ein außertropisches, die Savanne ein tropisches Grasland.
Welches Windsystem prägt die Savannen?	Passatwinde
Was begrenzt die Savannen?	der nördliche bzw. südliche Wendekreis. Alternative: die Wüsten und der tropische Regenwald
Beschreibe ein „typisches" Klimadiagramm der Savannen.	Es gibt eine deutliche Regen- und Trockenzeit. Die Temperaturkurve schwankt im Jahresverlauf kaum (Isothermie).
Wie viele humide (feuchte) Monate gibt es in der Feuchtsavanne?	sieben bis acht humide Monate
Nenne fünf in den Savannen vorkommende Tiere.	Gnu, Elefant, Giraffe, Löwe , Gepard

Tipp:

Ggf. kann mit einem Joker aus dem eigenen Team oder der Möglichkeit, eine Frage zurückzustellen bzw. später zu beantworten, gespielt werden.

wiederholen; Umgang mit Fachbegriffen üben; hohe Schülerbeteiligung gewährleisten

ggf. Mobiltelefone

Durchführung:

Der Lehrer nennt einen Begriff oder eine Frage. Aufgabe der Schüler ist es, den Begriff schriftlich zu erklären bzw. die Frage zu beantworten. Dabei dürfen sie aber lediglich die für einen Tweed übliche Anzahl von maximal 140 Zeichen benutzen. Um die Methode authentischer zu gestalten und so die Motivation zu steigern, dürfen die Schüler die Erklärung auch auf ihren Handys schreiben (entweder mit Twitter oder alternativ als SMS) – was bei Twitter auch den Vorteil hat, dass die Zahl der Zeichen gleich angezeigt wird.

Konkretes Unterrichtsbeispiel:

Tweeds zum Begriff „Schichtvulkan"

Der Schichtvulkan wird auch Stratovulkan genannt. Er besteht aus Lava- und Lockermasse-Schichten und läuft in der Regel spitz nach oben zu.

Wird auch Stratovulkan genannt. Stratovulkane befinden sich meist an Subduktionszonen, z. B. am pazifischen Feuerring oder am Mittelmeer.

Kreativität fördern; kommunikative Kompetenz fördern

DIN-A3-Blatt, Kleber, thematisch passende Materialien, verschiedenfarbige Stifte, Scheren

Durchführung:

Die Schüler arbeiten zunächst alleine. Jeder gestaltet mit Materialien eine kleine Collage, die sich auf einen Begriff / Inhalt der vorangegangenen Stunden bezieht. Der gesuchte Begriff darf in der Collage nicht auftauchen. Anschließend rollen sie die Blätter entweder zu einem Zylinder oder einem Kegel und kleben diesen so zusammen, dass ein Hut entsteht. Die Collage befindet sich auf der Außenseite. Diesen Hut setzten sie nun einem Mitschüler auf den Kopf, ohne dass dieser die Collage vorher sehen kann. Die Schüler gehen nun im Klassenraum herum und müssen erraten, welcher Begriff auf ihrem Hut dargestellt ist. Hierfür dürfen sie jedem Schüler, dem sie begegnen, eine Ja- / Nein-Frage stellen. Anschließend gehen sie zum nächsten Mitschüler. Hat ein Schüler „seinen Hut" erraten, geht er zu seinem Platz. Die Wiederholung endet nach einer vorher festgelegten Zeit oder wenn eine bestimmte Anzahl an Schülern wieder sitzt.

Konkrete Unterrichtsbeispiele:

- Städte, Bundesländer, Staaten, Kontinente: Es können z. B. aussagekräftige Bilder von Sehenswürdigkeiten verwendet werden.
- Landschaftszonen: Es können z. B. Bilder mit raumprägenden Elementen verwendet werden.
- Klimazonen: Es können z. B. entsprechende Klimadiagramme verwendet werden.

strukturiertes Denken fördern; Kommunikationsfähigkeit fördern; wiederholen und sichern

vorbereitete Kärtchen mit zum Thema passenden und nicht passenden Begriffen, leere Kärtchen

Durchführung:

Die Klasse wird in Gruppen zu vier bis sechs Schülern eingeteilt. Jede Gruppe erhält einen Satz mit Kärtchen, auf denen jeweils Begriffe stehen, die zum behandelten Thema passen bzw. nicht passen. Die Schüler sortieren zunächst die Kärtchen aus, die ihrer Ansicht nach nicht zum Thema passen. Die verbleibenden Karten sortieren sie und versuchen, jeweils einen passenden Oberbegriff zu finden. Diesen notieren sie auf leeren Kärtchen und erstellen anschließend eine Mindmap. Die einzelnen Gruppen präsentieren abschließend ihre Ergebnisse.

Konkretes Unterrichtsbeispiel:

Mystery-Mapping zum Thema „China"

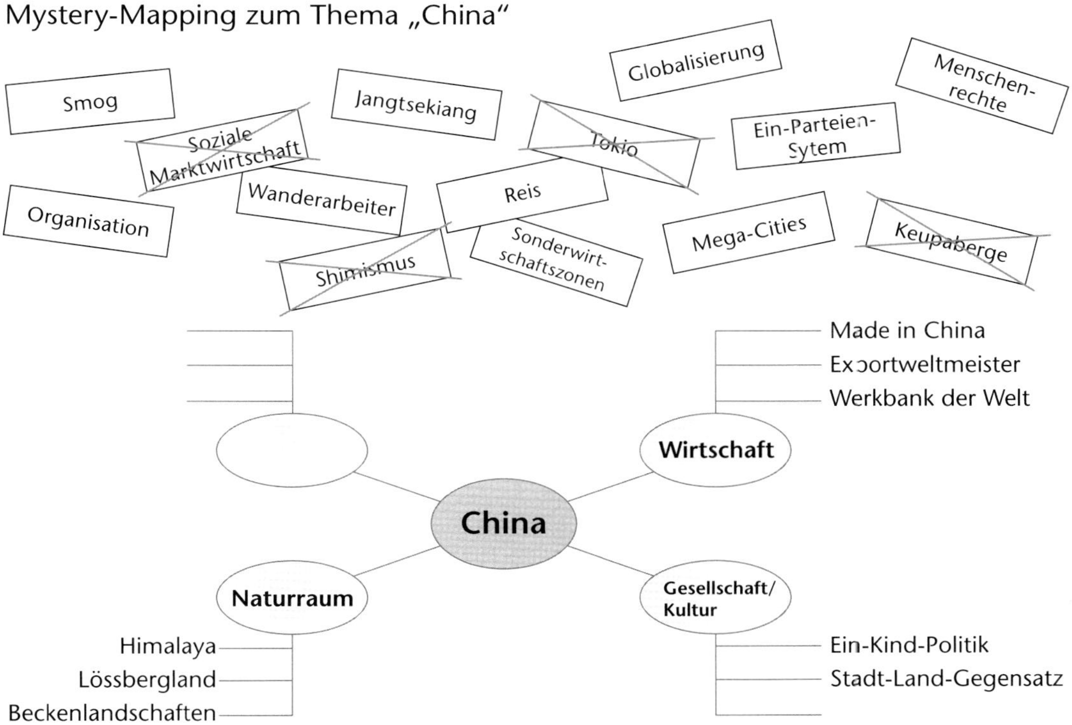

Smog
Jangtsekiang
Globalisierung
Menschenrechte
Soziale Marktwirtschaft
Tokio
Ein-Parteien-Sytem
Organisation
Wanderarbeiter
Reis
Shintoismus
Sonderwirtschaftszonen
Mega-Cities
Keupaberge

China
Wirtschaft: Made in China, Exportweltmeister, Werkbank der Welt
Naturraum: Himalaya, Lössbergland, Beckenlandschaften
Gesellschaft/Kultur: Ein-Kind-Politik, Stadt-Land-Gegensatz

Tipp:

Leistungsstärkere Gruppen können zusätzlich auf leere Kärtchen weitere Begriffe schreiben, die ihrer Meinung nach ebenfalls zum Thema gehören.

Index